NERVO VAGO

Esercizi alla portata di tutti per attivare il tono vagale. Impara a conoscere le funzioni del nervo vago per migliorare il tuo benessere psico-fisico

Luca Nardoni

Indice

Introduzione

Il nervo vago, come potrai immaginare, è uno dei nervi del corpo. Tuttavia, è il più lungo e complesso dei nervi che derivano dal tronco encefalico. Il nervo vago è responsabile della trasmissione di diversi tipi di informazioni da e verso tutto il corpo, inclusi il cervello e altri organi. Inizia nel cervello e si estende lungo il collo, fino al petto e all'addome, e negli organi. È conosciuto anche come nervo X.

Il nervo vago connette il tronco encefalico al corpo. Consente al cervello di ricevere informazioni riguardanti diverse funzioni fisiche. In poche parole, è il nervo che connette polmoni, cuore, addome e collo al cervello.

Il nervo vago influenza molte aree del nostro corpo, inclusa la voce. Se il nervo è danneggiato, la voce potrebbe sembrare profonda, flebile o persino rauca. Questo è uno dei primi sintomi del disturbo del nervo vago.

Siccome il nervo vago è importante per molti organi nel corpo, potrebbero presentarsi diversi sintomi. Il nervo può influenzarci al punto da causare complicazioni come obesità, problemi di salute cronici e persino disturbi dell'umore.

La buona notizia è che è possibile trattare i problemi del nervo vago, correggendo di conseguenza anche i disturbi di salute che stai affrontando, sia fisici che mentali, come la depressione.

È proprio ciò che voglio insegnarti a fare in questo libro. Impareremo un po' di più sul nervo vago e ci sposteremo velocemente ai modi per stimolarlo e attivarlo per migliorare la tua salute in generale!

Capitolo 1:
Il Nervo Vago

Il nervo vago ha origine nel tronco encefalico, percorre il collo e attraversa il corpo. Si divide in due parti, così si trova in entrambi i lati del corpo, ed è il nervo più lungo. È composto da quelle che chiamiamo cellule nervose sensoriali e la sua funzione principale è di consentire al cervello non solo di monitorare il corpo e come funziona, ma anche di ricevere informazioni dal resto del corpo.

Il nervo vago è responsabile di diverse funzioni nel corpo, ma le principali sono tre. La funzione sensitiva si estende dalla gola a polmoni, cuore e addome. La funzione sensitiva è quella che permette al corpo di percepire i sapori sul retro della lingua. La funzione motoria è responsabile dei muscoli del collo che ci permettono di parlare e ingoiare. La funzione parasimpatica si occupa di respirazione, tratto digestivo e battito cardiaco.

Ovviamente, possiamo suddividere ulteriormente queste funzioni. Per esempio, quando parliamo della funzione parasimpatica possiamo riferirci alla respirazione, al battito cardiaco, a quanta energia abbiamo, alla nostra lucidità o persino alla pressione del sangue. La funzione parasimpatica è responsabile del modo in cui digeriamo il cibo, quanto siamo calmi e la nostra capacità di rilassarci. Aiuta anche con l'urinazione, l'eccitazione sessuale e i movimenti intestinali.

Il nervo vago è responsabile anche della comunicazione fra l'intestino e il cervello, e con il diaframma, che aiuta a respirare profondamente e a sentirsi rilassati. Il nervo vago comunica anche con varie parti del corpo inviando segnali anti-infiammatori. Se soffri di infiammazione cronica, potrebbe esserci un problema con il tuo nervo vago.

Alcuni studi hanno anche scoperto che quando il nervo vago diventa iperattivo, il corpo ha difficoltà a pompare il sangue, il che porta a un aumento nella pressione del sangue e a un battito cardiaco più elevato. Se il nervo vago è iperattivo, una persona può soffrire di danni agli organi e persino perdere conoscenza.

Il nervo vago è stato anche collegato a come gestiamo paura, ansia e stress. Manda segnali nel corpo per aiutarci a riprenderci da situazioni che troviamo stressanti.

Il 75 percento della funzione del nervo vago è di inviare informazioni dagli organi al cervello. Se non fosse per il nervo vago, il cervello sarebbe incapace di ricevere queste informazioni e non saprebbe dove sono localizzati i problemi all'interno del corpo.

Un esempio di ciò potrebbe essere quando tocchi una padella calda. Il nervo vago dice velocemente al cervello che la padella è calda e provoca il tuo dolore, in modo da farti sentire che sta danneggiando la pelle. Il cervello manda velocemente un segnale alla mano, così che tu la ritragga dalla padella senza dover nemmeno pensare a cosa stai facendo. Ora, se i nervi sono danneggiati e non provi dolore, o il segnale al cervello viene interrotto, questo non saprà che c'è qualcosa che non va, e ciò risulterà in una bruciatura.

La parte del tuo sistema nervoso che fornisce le risposte automatiche è chiamata sistema nervoso automatico involontario. Esso controlla i tuoi riflessi automatici, quelle cose che fai senza nemmeno doverci pensare, per esempio quando rimuovi velocemente la mano da una superficie calda.

Come detto in precedenza, il nervo vago gioca un ruolo importante in molte diverse funzioni del corpo, come battito cardiaco, respirazione e pressione del sangue. Si può dire con certezza che ciò significa che se il tuo nervo vago non funziona nella maniera corretta, non lo faranno nemmeno queste funzioni corporali. Dato che abbiamo già capito che il nervo vago è importante per le nostre risposte mentali, per esempio come gestiamo lo stress, possiamo affermare che se il nervo vago non funziona correttamente, soffriamo di problemi come depressione o ansia.

Perciò, il nervo vago è molto importante. I dottori stanno iniziando a capire che c'è un legame fra la salute fisica e quella mentale, e che molti problemi fisici, come il cattivo funzionamento del nervo vago, possono ripercuotersi sul nostro benessere mentale.

È stato scoperto che il nervo vago e lo stato mentale di una persona sono strettamente collegati, e che i problemi del nervo vago, come una sua disfunzione o un danno, possono risultare in problemi di salute mentale, cardiovascolari, digestivi e molti altri.

Degli studi recenti hanno scoperto che se il livello di attività del nervo vago è basso una persona può soffrire di infiammazione cronica, che a sua volta può portare a molti altri problemi di salute. Tuttavia, è stato anche scoperto che quando ci prendiamo il tempo non solo di imparare di più a riguardo, ma anche come stimolare il nervo vago, possiamo ridurre i sintomi di cui soffriamo.

La stimolazione del nervo vago può aiutare le persone che soffrono di depressione, ansia, obesità e molte altre malattie fisiche e mentali. Stimolando il nervo vago riuscirai a controllare i tuoi livelli di stress, comunicare meglio con chi ti circonda, migliorare come ti senti e il tuo umore, e persino a impedire lo sviluppo di malattie croniche.

Capitolo 2:
Che Problemi Potrebbe Avere il Nervo Vago?

Il nervo vago è responsabile di molte delle cose che avvengono nel nostro corpo. Ma cosa succede quando qualcosa va storto? È possibile che questo nervo possa avere qualche problema che non viene notato dai dottori? Cosa potrebbe succedere?

Si tratta di domande che vengono poste quotidianamente da chi sta iniziando a scoprire di più sul nervo vago e sugli effetti che ha sul corpo. Le risposte non sono semplici. Prima di tutto, sì, qualcosa può andare storto col nervo vago, il che risulta in molti problemi di salute diversi. Ciò che provoca questo danno può variare da persona a persona.

1. Diabete – Chiunque soffra di diabete sa che può causare danni a diversi nervi nel corpo. Quando i nostri corpi soffrono per dei livelli di glicemia elevati, spesso viene alterata anche la chimica dei nervi e vengono danneggiati i vasi sanguigni che li supportano. Quando il nervo vago viene danneggiato dal diabete, può portare spesso a problemi di stomaco, come bruciore, gonfiore o nausea.

2. Alcolismo – L'alcolismo può provocare moltissimi problemi, ma c'è una condizione, chiamata neuropatia alcolica, di cui molti non sono a conoscenza. Quando una

persona fa abuso di alcol danneggia il sistema nervoso automatico. Tuttavia, la buona notizia è che questo danno può essere annullato semplicemente smettendo di assumere alcol.

3. Infezioni o Complicazioni Durante un Intervento Chirurgico – È possibile che il nervo venga danneggiato da infezioni respiratorie virali delle vie aeree superiori, come sinusite, raffreddore o influenza, laringite e tonsillite. I sintomi più comuni di un'infezione respiratoria causata da un virus includono naso che cola, congestione nasale e tosse. Quando una persona soffre di danni al nervo vago provocati da un'infezione respiratoria delle vie aeree superiori, di solito si schiarisce spesso la gola, continua a tossire anche dopo aver sconfitto il virus, e potrebbe avere problemi a parlare o persino soffrire di fatica vocale.

   È anche possibile che il nervo vago subisca dei danni durante un intervento chirurgico all'intestino tenue o allo stomaco. Un intervento specifico, l'emifundoplicazione laparoscopica, eseguita per trattare il reflusso gastrico, può provocare dei danni al nervo vago.

Sostanzialmente, ci sono due diversi disturbi del nervo vago: questo può non funzionare correttamente oppure essere iperattivo.

Quando il nervo vago non funziona correttamente, una persona può soffrire di gastroparesi, che può provocare problemi come bruciore di stomaco, nausea, spasmi dello stomaco e dolore. Ciò può portare anche a una perdita di peso, perché il sistema digestivo non è in grado di scomporre il cibo che viene ingerito a causa di una carenza di sostanze chimiche. Potrebbe anche ridurre il battito cardiaco, rendendo necessario un pacemaker per assicurarsi che non scenda fino a livelli allarmanti.

D'altro lato, un nervo vago iperattivo può portare allo svenimento, che potrebbe non essere pericoloso di per sé per la salute di una persona, ma è possibile farsi male in caso di una caduta.

Sintomi

In sintomi di cui soffrirà una persona quando il nervo vago è danneggiato dipenderanno dal fatto che questo sia iperattivo o non funzioni correttamente.

Se il nervo vago è iperattivo, come abbiamo detto in precedenza, la persona può avere problemi di circolazione che risulteranno in uno svenimento, ad esempio durante un prelievo del sangue. Ciò succede perché il nervo vago fa cambiare drasticamente il battito cardiaco, riducendo il flusso di sangue al cervello e provocando così lo svenimento.

Quando il nervo vago è iperattivo non necessita di alcuna cura, è solo importante riuscire a capire quando si è in procinto di svenire, in modo da assicurarsi di trovarsi in un ambiente sicuro.

Ci sono alcuni segnali a cui si può stare attenti se hai notato di svenire spesso o sospetti di avere un nervo vago iperattivo. Lo svenimento si verifica molto in fretta, ma spesso presenta dei segnali prima di accadere, ad esempio: giramenti di testa, vertigini, visione offuscata, battito rallentato, sudore, confusione, pallore, debolezza, visione a macchie o un mal di testa improvviso.

Se ti senti di stare per svenire è importante che ti trovi in un ambiente sicuro. Ci sono anche alcune cose che puoi fare per evitare di svenire, se pensi che stia per succedere. Se sei seduto, metti la testa fra le ginocchia per aiutare il sangue ad andare verso il cervello. Quando torni a sederti, fallo lentamente e prenditi un momento prima di alzarti.

Se possibile dovresti sdraiarti, cosa che aiuterà il tuo cervello ad avere il sangue di cui ha bisogno. Quando inizi a sentirti meglio, siediti lentamente e poi alzati.

Se svieni spesso, concentrarti sull'idratazione. È importante assicurarsi che il corpo abbia tutti i fluidi di cui ha bisogno. Una carenza di fluidi può causare ulteriori svenimenti.

Abbiamo già parlato di come il cattivo funzionamento del nervo vago possa risultare nella gastroparesi e in un battito cardiaco ridotto, ma se non viene curato può portare anche a stati di incoscienza e, cosa ancora più pericolosa, al coma. Perciò, molte persone che ne soffrono devono farsi mettere un pacemaker.

Tuttavia, questi due disturbi possono causare anche altri sintomi.

Il dolore può essere il sintomo di un nervo vago iperattivo o malfunzionante. Ciò succede principalmente quando è stato colpito da un'infezione o da una pressione (ad esempio, se viene pizzicato). Il mal di stomaco è molto comune ed è spesso accompagnato dal gonfiore.

Anche i problemi muscolari possono essere sintomi di entrambi i disturbi. Abbiamo già visto che il nervo vago può provocare problemi con le corde vocali, ma bisogna ricordare che anche il cuore e l'intestino sono muscoli, e possono perciò risentire di un cattivo funzionamento del nervo vago. Crampi muscolari, problemi di deambulazione o persino la difficoltà a prendere le cose potrebbero essere il segno di disturbi del nervo vago.

Un nervo vago iperattivo o malfunzionante può creare problemi di deglutizione. Quando il nervo è danneggiato, la persona potrebbe avere difficoltà a ingoiare o soffocare quando prova a mangiare. Questo tipo di danno si riscontra spesso in chi ha avuto un ictus o ha sofferto di un qualche tipo di lesione alla testa.

Potresti trovarti a perdere peso, anche in maniera esagerata, ad avere sempre crampi allo stomaco, uno squilibrio ormonale o a soffrire regolarmente di bruciore di stomaco. Tutti questi sintomi possono essere causati dai problemi del nervo vago.

Come Capire se Hai un Nervo Vago Poco Attivo

Se vuoi capire se il tuo nervo vago non è sufficientemente attivo, è importante prestare attenzione al tuo corpo. Se noti che ti ci vuole più tempo a digerire, potrebbe essere un segno che il nervo vago non sta funzionando correttamente e soffri di gastroparesi.

Siccome la nausea e il vomito sono spesso segni della gastroparesi, è importante non ignorare questi sintomi. Il motivo per cui hai nausea è che il tuo corpo non sta digerendo il cibo alla velocità a cui dovrebbe, il che lo fa rimanere nello stomaco. Se vomiti e noti che il cibo non è stato digerito, è probabile che tu soffra di gastroparesi. Ciò succederà probabilmente tutti i giorni, non solo occasionalmente.

Monitora quanto spesso hai bruciore di stomaco. Molte persone ne soffrono occasionalmente, ma se inizi a notare che succede regolarmente, è possibile che tu abbia un nervo vago poco attivo.

Stai perdendo peso senza provarci? È un segno che il tuo corpo non sta digerendo correttamente il cibo che ingerisci, il che ti priverà dei nutrienti di cui hai bisogno. È anche un segno che il tuo nervo vago non funziona come dovrebbe.

Se pensi di soffrire di questi sintomi, è importante parlare col tuo dottore. Il dottore saprà come trattare il nervo vago e ti prescriverà dei farmaci che ti aiuteranno a ridurre i sintomi mentre ti concentri sulla stimolazione del nervo.

Anche se è possibile soffrire sia di nervo vago iperattivo che poco attivo, vogliamo concentrarci sulla stimolazione del secondo nel resto del libro. Se pensi che il tuo nervo vago sia iperattivo, non c'è bisogno che ti preoccupi della sua stimolazione. Anche se svenire potrebbe essere fastidioso, non provocherà alcun danno al tuo corpo.

Il nervo vago è responsabile di molte funzioni diverse nel corpo, ed è per questo che è importante capire se c'è un problema: è l'unico modo in cui possiamo correggerlo.

Capitolo 3:
Il Rapporto tra il Nervo Vago e la Depressione

Anche se in passato si credeva che la depressione fosse dovuta esclusivamente a un problema nei livelli di serotonina nel cervello, i ricercatori stanno iniziando a credere che potrebbe essere legata anche al funzionamento del nervo vago.

La Depressione

È molto comune che le persone si sentano tristi o abbattute di tanto in tanto. È il modo in cui reagiamo alle difficoltà o alle perdite che affrontiamo nella vita. Tuttavia, quando la tristezza è intensa e la persona si sente senza speranza, inutile o impotente, e queste sensazioni durano per diversi giorni o settimane, impedendogli di vivere normalmente, allora potrebbe soffrire di depressione.

A volte può essere difficile capire se si stia provando una tristezza normale o se si tratti di depressione clinica. Tuttavia, perché tu abbia una diagnosi medica per questo disturbo devi soffrire di almeno cinque dei seguenti sintomi nel corso di non meno di 12 settimane.

1. Sentirsi depressi per la maggior parte della giornata, con un picco durante la mattina.

2. Sentirsi stanchi o senza energia ogni giorno o per la maggior parte dei giorni.

3. Sentirsi inutili o provare un senso di colpa quotidianamente.

4. Incapacità di concentrarsi, prendere decisioni o ricordare i dettagli.

5. Insonnia o dormire più del dovuto.

6. Perdere interesse nelle attività che prima piacevano.

7. Pensare spesso alla morte o al suicido (non include pensarci per paura di morire).

8. La sensazione di fiacchezza o di non essere fisicamente capaci di fare le cose che si facevano prima. O sentirsi irrequieti la maggior parte del tempo.

9. Perdita o aumento di peso non intenzionale.

10. Non provare alcun piacere nella vita.

11. Mangiare troppo o non sentire più il bisogno di mangiare.

12. Provare dolori che non passano nemmeno quando vengono curati.

Potresti anche sentirti triste o provare la sensazione che in molti descrivono come di vuoto. Molti pazienti di depressione affermano anche di sentirsi ansiose per la maggior parte del tempo.

Anche se tutti i sintomi elencati sono molto comuni fra chi soffre di depressione, non tutti la vivono allo stesso modo né hanno gli stessi sintomi. Quando pensi alla gravità dei sintomi e alla loro durata, devi ricordare che possono variare, perché la depressione colpisce le persone in maniera differente.

Se soffri di depressione, potresti notare che i tuoi sintomi sembrano seguire uno schema. Per esempio, potresti soffrirne nei cambi di stagione: in questo caso si tratta di disturbo affettivo stagionale.

Quando la maggior parte delle persone pensa alla depressione, gli viene in mente una malattia che ha solo sintomi emotivi, ma in realtà questi possono essere anche fisici. Molti dei pazienti di depressione hanno affermato di avere cambiamenti di appetito, dolori di schiena e articolazioni, e problemi di digestione. È stato scoperto che quando una persona soffre di depressione potrebbe iniziare a parlare e a muoversi più lentamente. Ciò è dovuto al fatto che la serotonina e la norepinefrina, che sono legate alla depressione, giocano un ruolo nel dolore e nell'umore.

Tipi di Depressione

Ci sono alcuni tipi diversi di depressione, conosciuti come disturbi depressivi. È importante ricordare che solo un dottore potrà farne una diagnosi.

1. Un disturbo depressivo persistente è quando una persona soffre di depressione per non meno di 2 anni.
2. Il disturbo da deregolazione dell'umore dirompente è ciò di cui soffrono spesso bambini e adolescenti. Porta a rabbia, irritabilità estrema e scoppi più gravi di una reazione normale.

3. Il disturbo disforico premestruale è il nome dato ai problemi gravi di umore di cui soffrono le donne prima del ciclo mestruale. È più intenso della SPM.

4. Il disturbo dell'umore indotto da sostanze fa riferimento a quando una persona soffre di depressione solo quando beve alcol o fa uso di droghe. La depressione scompare una volta che la persona smette di bere o di assumere stupefacenti.

5. Il disturbo depressivo può essere causato anche da un'altra patologia. Spesso ne soffre chi ha una malattia cronica, come quella polmonare ostruttiva.

Se soffri di qualsiasi tipo di depressione, potresti anche scoprire di avere altri sintomi, come l'ansia/Angoscia. È quando trascorri molto tempo a preoccuparti di ciò che potrebbe succedere o di non avere il controllo. Ti senti stressato per la maggior parte del tempo e chi ti circonda potrebbe ripeterti spesso di non preoccuparti così tanto.

È anche possibile avere tratti misti. È simile al disturbo bipolare, in cui soffri di depressione ma hai anche episodi maniacali. La mania risulta in periodi in cui hai molta energia, più del solito, la tua autostima è a livelli molto elevati, e potresti anche parlare troppo o troppo in fretta.

La depressione può presentarsi con tratti atipici, il che significa che ti godi le cose belle quando succedono. Provi felicità, ma sei molto sensibile al rifiuto, hai bisogno di più sonno del normale e hai più fame del solito.

I tratti psicotici o persino la catatonia possono essere un risultato della depressione. Questi tratti significano che potresti sentire o persino vedere delle cose non reali. Potresti anche trovarti a credere a cose non vere. La catatonia significa che non sei in grado di muovere il tuo corpo o potresti sentire di non averne il controllo. Una persona potrebbe apparire anche apatica.

La depressione stagionale si verifica quando i sintomi peggiorano al cambio di stagione. Di solito sono peggiori durante i mesi più freddi, quando non si può trascorrere molto tempo all'aperto. Gli scienziati hanno scoperto che la mancanza di vitamina D, quella che otteniamo dal sole, potrebbe giocare un ruolo importante in questo tipo di depressione.

È molto comune che i pazienti di disturbi mentali o medici soffrano anche di depressione: ad esempio, chi soffre di ansia, panico, DOC, fobie, disturbi alimentari o abuso di sostanze. Anche le persone alle quali sono state diagnosticare malattie croniche possono soffrire di depressione.

Se si soffriva di depressione negli anni '40 o '50, la situazione non era delle migliori. Anche se c'erano alcune cure disponibili, come la lobotomia o l'elettroshock, non avevano alcun effetto sulla depressione. Oggi, invece, ci sono molte cure decisamente meno macabre.

Al giorno d'oggi abbiamo accesso a molti tipi diversi di farmaci creati appositamente per la cura della depressione. I dottori possono combinarli per trovare il trattamento giusto per ogni caso specifico. In molti si domandano ancora se la depressione possa essere effettivamente curata o se dovranno passare il resto della vita a soffrirne e a prendere medicinali. Ed è qui che entra in gioco il nervo vago.

La Depressione e il Nervo Vago

Degli studi hanno dimostrato che tramite la stimolazione del nervo vago si può migliorare molto la qualità della vita dei pazienti che soffrono di un tipo di depressione resistente ai trattamenti. Hanno anche scoperto che, in alcuni casi, i sintomi scompaiono del tutto. Anche se è più comune che il paziente continui a soffrire di alcuni sintomi, alcuni studi hanno dimostrato che la stimolazione del nervo vago ne allevia diversi.

Di solito, chi soffre di depressione viene trattato con una combinazione di antidepressivi e psicoterapia. Tuttavia, questa nuova ricerca mostra che la stimolazione del nervo vago può aiutare più dei farmaci e della terapia.

È possibile eseguire un intervento chirurgico per inserire un impianto nel collo o nel petto, vicino alla clavicola, per aiutare a stimolare il nervo vago e curare la depressione resistente ad altri tipi di trattamento. Un dottore inserirà gli stimolatori con una procedura ambulatoriale che richiede circa un'ora.

Questi piccoli stimolatori sono molti simili a un pacemaker, perché mandano una quantità specifica di corrente elettrica al cervello e all'intestino attraverso il nervo vago. Degli studi recenti hanno dimostrato che circa il 70 percento della nostra serotonina viene prodotta dall'intestino, che è il motivo per cui i ricercatori credono che la stimolazione del nervo vago funzioni bene nel trattamento della depressione. In precedenza si credeva che la maggior parte della serotonina fosse prodotta nel cervello, ed è per questo che abbiamo gli SSRI. Questi farmaci curano la depressione impendendo al cervello di riassorbire la serotonina, il che ne aumenta i livelli disponibili come neurotrasmettitori.

Perciò, se stimolando il nervo vago stiamo correggendo il problema della scarsa attività, che sappiamo già che provoca molti problemi con l'intestino, stiamo correggendo di conseguenza anche il problema dei livelli di serotonina nel corpo.

Alcuni studi hanno dimostrato che due pazienti su tre che soffrono di depressione non ottengono risultati dal primo farmaco antidepressivo che gli viene prescritto. Inoltre, a circa 1/3 di tutti i pazienti di depressione ne viene diagnosticata una forma resistente alla terapia, perciò potrebbero trarre vantaggio dalla stimolazione del nervo vago.

La stimolazione del nervo vago è stata approvata nel 2005 dalla FDA come un trattamento per la depressione resistente alle terapie. È stato scoperto che nel corso di cinque anni i pazienti che hanno ricevuto questa terapia hanno visto migliorare significativamente i sintomi della depressione.

Molti dei pazienti che soffrono di depressione assumono fino a cinque farmaci diversi e riescono a malapena a rimanere in piedi.

Tuttavia, quando si stimola il nervo vago si nota un'enorme differenza nella loro vita quotidiana.

In uno studio, 328 pazienti che soffrivano di depressione resistente alla terapia sono stati trattati con la stimolazione del nervo vago mentre continuavano a prendere i loro farmaci. Sono stati osservati anche altri 271 pazienti che soffrivano di depressione resistente alla terapia, che assumevano i farmaci ma non ricevevano la stimolazione del nervo vago.

Per poter stabilire in che modo la stimolazione del nervo vago abbia influenzato la qualità della vita dei pazienti, i ricercatori si sono concentrati su 14 diverse categorie, fra cui la capacità del paziente di lavorare, i rapport sociali, la salute generale e il benessere complessivo.

È stato scoperto che quando i pazienti venivano esposti alla stimolazione del nervo vago mostravano miglioramenti in circa 10 di queste 14 categorie. Per poter essere considerati reattivi nei confronti della terapia, dovevano avere una diminuzione di almeno il 50% nel punteggio depressivo. Tuttavia, è stato notato che, anche se alcuni pazienti miglioravano solo del 30 o 40%, affermavano comunque di sentirsi molto meglio che prima della cura.

Si ritiene anche che uno dei motivi per cui molte persone abbiano visto un miglioramento nella propria vita dopo aver stimolato il nervo vago è che aiuti a migliorare la concentrazione e la prontezza. Ciò a sua volta riduce l'ansia e fa sentire il paziente più energico e vigile. Come risultato, è in grado di eseguire le attività quotidiane senza soffrire di ansia o depressione.

Anche se è necessario svolgere ancora molte ricerche per poter capire esattamente in che modo la stimolazione del nervo vago aiuti a controllare la depressione, una cosa è certa: quando lo stimola, chi soffre di depressione afferma di sentirsi meglio rispetto a quando ha seguito la terapia farmacologica. La vita migliora e si sente più ottimista circa il futuro. Potrebbe trattarsi di una svolta sensazionale nella cura della depressione e di altri disturbi mentali. Presto riusciremo forse a curare altri problemi fisici e mentali tramite la stimolazione del nervo vago.

Capitolo 4:
Il Rapporto tra il Nervo Vago e l'Ansia

Tutti nella vita proviamo ansia, ed è completamente normale. Ci capita quando andiamo a un colloquio di lavoro o a un primo appuntamento. Tuttavia, quando si soffre di disturbo d'ansia si tratta di una situazione molto diversa.

Potrebbe iniziare come una sensazione di paura, potresti cominciare a sentirti spaventato o irritabile e, qualsiasi cosa tu faccia, non riesci a fare andare via quella sensazione. Il disturbo d'ansia è diverso dal sentirsi semplicemente in ansia una volta ogni tanto. Chi soffre di questo disturbo ha difficoltà a eseguire delle azioni quotidiane, come andare al lavoro o pagare al supermercato. Potrebbe non essere in grado di socializzare o di avere relazioni.

Cosa è l'Ansia

Proviamo tutti un po' d'ansia occasionalmente, la maggior parte delle volte succede prima di prendere decisioni importanti, quando dobbiamo affrontare un problema o si sta verificando un cambiamento. I disturbi d'ansia sono diversi. Non si tratta di una preoccupazione o un senso di paura occasionale. Quando una persona soffre di un disturbo d'ansia, questa non se ne va né migliora. In realtà, col tempo potrebbe persino peggiorare.

Negli Stati Uniti, ne soffrono 40 milioni di persone. Ci sono molti tipi diversi di disturbi d'ansia, ma i più comuni sono quello generalizzato e l'ansia sociale.

Quando una persona soffre d'ansia, ne viene influenzata ogni area della sua vita: ne risentono i suoi rapporti, il successo al lavoro e la vita personale. Potrebbe avere difficoltà a frequentare qualcuno perché teme di venire rifiutato o giudicato, perciò pensa che non ne valga la pena. Inoltre, se decidesse di provare a uscire con qualcuno, potrebbe soffrire di sintomi fisici, come tremore, sudorazione o balbuzie.

Se una persona che soffre d'ansia dovesse riuscire a superare la propria paura degli appuntamenti e a iniziare una relazione, si troverebbe sempre a mettere in dubbio il proprio partner e la relazione stessa. Spesso questi pazienti non possono fare a meno di domandarsi se l'altro li stia tradendo, pensano sempre che sia arrabbiato con loro anche quando non ha alcun motivo di esserlo, si preoccupano che il partner li lascerà, anche se è follemente innamorato e non lo farebbe mai.

Le paure che queste persone devono affrontare potrebbero sembrare irragionevoli a chi non soffre di un disturbo d'ansia, ma loro non ne hanno il controllo. Potrebbero preoccuparsi che la gente sia frustrata nei loro confronti per via di questi timori irrazionali.

Per chi soffre d'ansia può essere difficile avere una relazione con la propria famiglia e farsi degli amici, perché teme che le amicizie siano false o che l'amico sia pronto ad abbandonarlo. È sempre preoccupato di venire giudicato e, poiché teme il rifiuto, spesso rifiuta qualsiasi invito sociale.

Quando si tratta di lavoro, i pazienti d'ansia faticano a parlare in pubblico perché hanno paura di ridicolizzarsi. Si preoccupano di ciò che pensano gli altri. Hanno problemi a dare un contributo durante le riunioni per lo stesso motivo. Spesso non riescono a gestire lo staff e faticano e rispettare le scadenze. A causa dell'ansia, perdono spesso delle possibilità di fare carriera e ricevere promozioni.

Tipi di Ansia

Come detto in precedenza nel corso del capitolo, ci sono molti tipi diversi di ansia, ma esistono solo sei tipologie principali di disturbi d'ansia. Sono il PTSD, o disturbo da stress post-traumatico, disturbo d'ansia generalizzato, disturbo d'ansia sociale, DOC o disturbo ossessivo-compulsivo, disturbo di panico e, infine, le fobie.

Il PTSD, la sigla con cui è più conosciuto il disturbo post-traumatico da stress, si verifica come risultato di un evento potenzialmente fatale o traumatico. La persona potrebbe agitarsi, avere incubi, flashback o ricordi casuali, soffrire di paranoia e cercare di scappare da qualsiasi circostanza che possa ricordarle quell'evento.

Il DOC, o disturbo ossessivo-compulsivo, viene citato spesso, ma in realtà sono in pochi a capire di cosa si tratti. Il DOC non significa solo voler pulire la casa ogni giorno o assicurarsi che i quadri siano appesi bene. Si tratta di impulsi su cui il paziente non ha alcun controllo, come accendere e spegnere la luci 36 volte prima di potere essere fisicamente in grado di uscire da una stanza, e se lo fa 35 volte deve iniziare da capo.

Il disturbo d'ansia generalizzato, conosciuto anche come GAD, si verifica quando un paziente si preoccupa troppo o ha così tante paure da non riuscire a portare a termine i compiti della vita quotidiana. Ha anche la sensazione che succederà sempre qualcosa di brutto. Quando qualcuno è così apprensivo, mostra sintomi di GAD. Non ha motivo di sentirsi in ansia, in passato non gli sono successe cose butte, ma la paura è così intensa che non riesce a concentrarsi su nient'altro.

Il disturbo d'ansia sociale è quando una persona ha una paura estrema della negatività quando si trova in pubblico, o la paura di essere umiliato in pubblico. Chi è estremamente timido potrebbe soffrire di questo disturbo, ma la situazione potrebbe peggiorare ulteriormente. A volte la persona si allontana anche dalla propria famiglia. Ha così paura da non voler interagire con nessuno. Per capire come funzioni l'ansia sociale, si usa spesso come esempio l'ansia da palcoscenico.

Abbiamo tutti sentito parlare delle fobie, quelle paure esagerate riguardo a qualcosa che potrebbe non costituire una minaccia o un pericolo per la persona. Una fobia è molto intensa, e chi ne soffre farà di tutto per assicurarsi di evitare la cosa di cui ha paura. In realtà, questo comportamento non fa altro che rafforzare tale paura. Fra le fobie più diffuse ci sono: altezze, animali specifici, aerei e buio.

Tutti i diversi tipi di disturbi d'ansia possono essere categorizzati all'interno di queste macro-tipologie. Anche se rientrano nella stessa categoria generale, è importante conoscere le differenze fra i vari disturbi, perché si ripercuotono diversamente sui pazienti e sulle loro vite.

Sintomi dell'Ansia

L'ansia non colpisce solo la salute mentale di una persona, ma potrebbe avere effetti anche sulla sua salute fisica. Anche se sappiamo che ci sono degli effetti a breve termine, ciò che molte persone ignorano è che ci sono anche degli effetti a lungo termine.

I sintomi dell'ansia possono includere:

- Sentirsi spaventati, nervosi o persino tesi
- Sentirsi irrequieti
- Soffrire di attacchi di panico
- Battito cardiaco accelerato
- Respirazione più veloce
- Tremori
- Sudorazione
- Debolezza o spossatezza
- Stordimento
- Problemi di concentrazione

- Insonnia
- Problemi di digestione e nausea
- Problemi di temperatura corporea (come sentirsi molto più caldi o freddi del normale)
- Dolori al petto
- Sentire il bisogno di comportarsi in un certo modo per poter ridurre l'ansia provata.

Inoltre, l'ansia si ripercuote sul corpo in molti altri modi, che potrebbero anche portare a delle malattie croniche.

Quando siamo stressati, il cervello attiva la risposta combatti o fuggi. A questo punto, il nostro corpo rilascia adrenalina e cortisolo, conosciuti anche come gli ormoni dello stress.

Anche se la risposta combatti o fuggi è molto utile se ti trovi nel bosco e ti imbatti in un orso, non lo è quando si attiva durante un colloquio di lavoro o a un appuntamento. Rimanere in questo stato per un periodo di tempo prolungato è anche nocivo: quando siamo esposti per troppo tempo ad adrenalina e cortisolo, possono danneggiare il corpo.

Quando dobbiamo affrontare l'ansia in una situazione stressante, è normale iniziare a respirare più velocemente e meno profondamente. In questo modo, il corpo può prendere più ossigeno per prepararsi a combattere o a scappare. Se ciò succede di continuo, come quando una persona soffre di un disturbo d'ansia, allora potrebbe sentirsi sempre debole, stordita, avere capogiri o svenire.

L'ansia può anche fare aumentare il battito cardiaco e la quantità di sangue pompata nel corpo. Ciò succede perché il corpo si sta preparando a combattere o a scappare: il sangue in più fornirà ai muscoli nutrienti ed ossigeno extra. A questo punto, i nostri vasi sanguigni si restringono, il che causa delle vampate di calore.

Iniziamo a sudare per poterci raffreddare, perciò chi soffre d'ansia potrebbe avere sempre freddo.

Dopo aver visto cosa fa l'ansia al sistema cardiovascolare, è facile capire come si possano verificare anche dei problemi cardiaci. Degli studi hanno dimostrato che chi soffre d'ansia corre un rischio maggiore di sviluppare delle malattie cardiache in futuro.

L'ansia dà una spinta al sistema immunitario nel breve termine, ma è possibile che questo effetto venga invertito se c'è un'esposizione prolungata.

Il cortisolo impedisce al corpo di rilasciare istamina quando entra in modalità combatti o fuggi, il che limita le risposte del sistema immunitario. Tuttavia, è stato scoperto che chi soffre di disturbi d'ansia cronici è più incline a prendere l'influenza, il raffreddore e altri virus. Perciò, se soffri d'ansia è molto importante che ti concentri sul migliorare il più possibile il tuo sistema immunitario.

Quando i nostri corpi attivano la modalità combatti o fuggi, vengono fermati tutti i processi che non sono essenziali per la sopravvivenza. Ciò significa che si ferma anche la digestione: poiché l'adrenalina riduce il flusso sanguigno verso lo stomaco, lo fa rilassare, il che si ripercuote sulla digestione. Per questo i pazienti di disturbi d'ansia cronici potrebbero soffrire anche di diarrea, problemi di stomaco o perdere appetito.

Alcuni studi hanno collegato ansia, depressione e stress alla sindrome dell'intestino irritabile (IBS).

L'ansia può anche fare sentire la necessità di urinare più spesso. È un sintomo molto comune quando si soffre di fobie. Si crede che il corpo perda il controllo della vescica quando si soffre d'ansia perché, se è vuota, è più facile scappare da una minaccia. Tuttavia, molti scienziati sono ancora incerti sul motivo per cui ciò si verifichi e hanno molte teorie a riguardo.

Soffrire d'ansia può avere molti effetti negativi a breve termine, ma può averne anche alcuni a lungo termine. Chi soffre di ansia cronica potrebbe soffrire anche di insonnia, problemi digestivi, depressione, difficoltà a socializzare, al lavoro o a scuola, abuso di sostanze, pensieri suicidi e una perdita di interesse sessuale o in altre cose che prima piacevano.

Questi effetti a lungo termine possono cambiare la vita di una persona e sono molto difficili da gestire.

Non è del tutto noto cosa provochi l'ansia, ma ci sono diversi fattori di rischio che si crede contribuiscano al suo sviluppo, fra cui:

- Essere donna. Le donne hanno più probabilità di soffrire di ansia rispetto agli uomini.

- Precedenti di abuso di sostanze.

- Dover gestire molto stress per un periodo di tempo prolungato, a casa, al lavoro o per problemi finanziari

- Avere un genitore che soffre d'ansia.

- Aver vissuto un'esperienza traumatica.

- Avere una malattia cronica, come una patologia cardiovascolare.

- Uso di determinati farmaci.

- Soffrire di uno o più disturbi mentali ulteriori.

Perché venga diagnosticato un disturbo d'ansia, bisogna consultare un medico. Solo un professionista può dirti cosa stia succedendo davvero e saprà darti farmaci, supporto e informazioni sui cambiamenti nel tuo stile di vita che potranno farti stare meglio.

A questo punto, potrai concentrarti sulla stimolazione del nervo vago per migliorare ancora di più.

L'Ansia e il Nervo Vago

Quando il nervo vago viene stimolato, provoca una risposta che riduce lo stress; di conseguenza, aiuta a ridurre il battito cardiaco e la pressione del sangue. Stimola anche il funzionamento di diverse parti del cervello e la digestione, che ti aiutano a sentirti più rilassato. Tutti questi effetti sono conosciuti come risposta vagale.

In poche parole, la risposta vagale è semplicemente ciò che succede quando si stimola il nervo vago. I maestri di yoga usavano questa tecnica ben prima che gli scienziati avessero scoperto la riposta vagale.

I ricercatori hanno scoperto che stimolando il nervo vago regolarmente si possono ridurre ansia e stress. Inoltre, può aiutare anche a ridurre i sintomi o persino neutralizzare la malattia polmonare ostruttiva cronica, l'asma e le malattie cardiache.

Il che è rassicurante. Questi ricercatori stanno imparando in fretta non solo che la nostra salute fisica è completamente sotto il nostro controllo, ma che lo è anche la nostra salute mentale. Degli studi hanno dimostrato che chi soffre di disturbi mentali o di malattie croniche può trarre vantaggio dalla stimolazione del nervo vago.

La risposta vagale è supportata dalla scienza. In precedenza abbiamo parlato della risposta combatti o fuggi e di come può rendere una persona nervosa. Questa è la stessa risposta che si attiva quando qualcuno ti taglia la strada mentre guidi o quando il cassiere non riesce a fare funzionare la tua carta di credito.

Questa risposta ha aiutato l'umanità a sopravvivere nel corso degli anni ma, come abbiamo visto, può anche causare molti danni quando si attiva troppo spesso. Quando ci sentiamo come se non potremo mai rilassarci, dobbiamo iniziare a stimolare il nervo vago.

Anche se la stimolazione del nervo vago potrebbe sembrare molto complicata, la verità è che non è poi così difficile. La buona notizia è che diventa più facile man mano che lo fai. Parleremo più avanti di come farlo, ma ti avviso: se riesci a respirare, puoi anche stimolare il nervo vago.

Capitolo 5:
Il Nervo Vago e il Disturbo Bipolare

Quando viene diagnosticato il disturbo bipolare, di solito il paziente tende a rifiutare la diagnosi o sentirsi sopraffatto dall'idea di soffrire di questa malattia. Tuttavia, sapere di avere il disturbo bipolare è il primo passo per poter ottenere l'aiuto di cui si ha bisogno.

Cosa è il Disturbo Bipolare?

Chi soffre di disturbo bipolare subisce dei cambiamenti d'umore estremi. Questa malattia mentale può fare sì che una persona si senta incredibilmente bene, e poi incredibilmente male. Quando è di umore particolarmente positivo, si tratta di mania; ma la persona attraverserà anche dei momenti di estrema depressione. Il disturbo bipolare è conosciuto anche come depressione maniacale o malattia bipolare.

Quando una persona soffre di disturbo bipolare, potrebbe faticare a portare a termine i normali compiti quotidiani. Potrebbe avere problemi al lavoro o a scuola, a mantenere le relazioni. Anche se non c'è alcuna cura, esiste un trattamento.

Quasi il 3 percento di tutti gli adulti negli Stati Uniti sono stati diagnosticati con il disturbo bipolare. Ciò significa che sono circa 5 milioni le persone che soffrono di questa malattia mentale. L'età media della diagnosi è 25 anni.

Perché a una persona venga diagnosticato il disturbo bipolare, deve soffrire di depressione per non meno di 2 settimane e avere episodi maniacali della durata di almeno qualche giorno o settimana per volta. Alcune persone con il disturbo bipolare soffrono di sbalzi d'umore molto frequenti: c'è chi trascorre la maggior parte del tempo in uno stato depressivo, e chi vive principalmente in uno stato maniacale.

Alcune persone imparano a gestire i propri sintomi, soprattutto chi ha degli sbalzi d'umore rari, mentre altri ci combattono ogni giorno.

Chi soffre di disturbo bipolare può presentare tre sintomi. Il primo è la mania, cioè quando si sente di buon umore. L'episodio maniacale può riempire il paziente di energia, farlo parlare più in fretta del normale, e sarà anche pieno di nuove idee eccitanti. Potrebbe iniziare molti progetti e sembrare impulsivo. Si sente euforico. Tuttavia, questo stato può portare a un comportamento irresponsabile, come avere rapporti sessuali non protetti con diversi partner, fare uso di droghe o spendere troppi soldi.

I pazienti di disturbo bipolare che non hanno una mania grave soffrono di quella che è conosciuta come ipomania: sono ancora in grado di andare al lavoro e a scuola, riescono a mantenere le relazioni personali, ma noteranno comunque degli sbalzi d'umore.

Chi soffre di disturbo bipolare avrà anche degli episodi depressivi in cui si sentirà senza speranza, estremamente triste, senza energie, potrebbe sentire la necessità di dormire più del normale o soffrire di insonnia, avrà pensieri suicidi e potrebbe perdere interesse nelle attività che prima gli piacevano.

Anche se il disturbo bipolare non è raro, è molto difficile da diagnosticare perché i sintomi variano molto.

Sia gli uomini che le donne possono soffrire di disturbo bipolare, ma i sintomi sono un po' diversi. Alla maggior parte delle donne viene diagnosticato fra i 20 e i 30 anni, tendono ad avere episodi maniacali più lievi ed episodi depressivi più lunghi. Le donne vivono cicli più rapidi, cioè hanno più di quattro episodi all'anno. Tendono anche a soffrire contemporaneamente di altre malattie, come ansia, obesità, problemi tiroidei o emicranie.

Si crede che le donne abbiano più ricadute a causa dei cambiamenti ormonali dovuti al ciclo mestruale, alla gravidanza e alla menopausa.

Gli uomini, d'altro lato, di solito vengono diagnosticati molto prima e tendono ad avere episodi maniacali più gravi. È più probabile che uomo che soffre di disturbo bipolare abbia problemi di abuso di stupefacenti rispetto a una donna, ed è stato scoperto che gli uomini tendono a comportarsi peggio delle donne durante un episodio maniacale. Sono anche meno propensi a chiedere aiuto medico ed è più probabile che si suicidino.

Tipi di Disturbo Bipolare

Ci sono tre diversi tipi di disturbo bipolare: bipolare 1, bipolare 2 e ciclotimia.

Chi soffre di disturbo bipolare 1 ha avuto almeno un episodio maniacale. Potrebbe anche soffrire di ipomania e di episodi depressivi prima e dopo quelli maniacali. Il bipolare 1 colpisce sia uomini che donne in maniera pressoché uguale.

Chi soffre di bipolare 2 ha almeno un episodio depressivo che dura non meno di due settimane, e almeno un episodio di ipomania della durata di almeno 4 giorni. Il disturbo bipolare 2 è molto più comune nelle donne che negli uomini.

Chi soffre di ciclotimia avrà sia episodi depressivi che di ipomania. Gli episodi di solito sono più brevi e meno gravi che nel bipolare 1 e 2. Chi soffre di ciclotimia potrebbe avere un umore stabile per uno o persino due mesi.

Se soffri di disturbo bipolare, è importante ricordare che non sei solo. Puoi farti aiutare e ci sono molte cose che puoi fare per migliorare la tua vita. Una di queste è la stimolazione del nervo vago.

Il Disturbo Bipolare e la Stimolazione del Nervo Vago

Molte persone che soffrono di disturbo bipolare non riescono a ottenere il sollievo sperato con i farmaci. È una cosa molto comune se vengono trattati sia per gli episodi maniacali che per quelli depressivi. È risaputo che i farmaci prescritti per questo disturbo fanno sentire le persone come se non fossero più loro stesse. Perciò, molte decidono di non prenderli più e, di conseguenza, ricadono nello stato maniacale, che spesso li mette nei guai.

Tuttavia, poiché il disturbo bipolare comprende anche la depressione, si può usare la stimolazione del nervo vago proprio come si farebbe per quest'ultima. Ovviamente si può anche scegliere di fare l'operazione per l'inserimento dell'impianto per la stimolazione del nervo vago di cui abbiamo parlato in precedenza ma, siccome costa decine di centinaia di euro, potrebbe non essere un'opzione fattibile per tutti.

La buona notizia è che ci sono molti altri modi per stimolare il nervo vago, di cui parleremo più avanti nel corso del libro. Non devi subire necessariamente un intervento chirurgico e pagare centinaia di euro per farti impiantare uno stimolatore. Tuttavia, se il tuo dottore ritiene che sia una buona opzione per te, è possibile ottenere delle agevolazioni tramite l'assicurazione. A seconda di quanto è grave il tuo disturbo bipolare, potrebbe essere un'alternativa da prendere in considerazione.

Tuttavia, è importante notare che se ti dedichi all'auto-stimolazione del nervo vago non hai bisogno di questo dispositivo, perché potrai ottenere gli stessi risultati di chi soffre di depressione. Potrai stabilizzare i tuoi sbalzi d'umore, concentrarti sulle attività quotidiane e vedrai dei miglioramenti nella tua vita in generale.

Anche se la stimolazione del nervo vago può aiutare a migliorare i sintomi del disturbo bipolare, è molto importante non smettere di prendere i farmaci o ridurne le dosi senza l'approvazione del tuo medico. Se inizi a sentirti meglio o noti che i farmaci ti fanno sentire diverso, parla col tuo dottore e spiegagli come ti senti. Potrebbe decidere che è ora di ridurre il dosaggio o persino farti smettere.

Capitolo 6:
Il Nervo Vago e l'Effetto che Ha sui Polmoni

Alcuni anni fa, l'idea di stimolare il nervo vago per migliorare la salute è partita dall'aiuto di questa pratica nella riduzione degli attacchi epilettici. Oggi stiamo iniziando a capire quante aree della nostra salute siano influenzate dal nervo vago.

I ricercatori hanno scoperto che tramite la stimolazione del nervo vago si possono trattare non solo gli attacchi epilettici, ma anche depressione, disturbo bipolare, obesità, ictus, morbo di Crohn e persino l'asma. Questa lista potrebbe diventare sempre più lunga, perché ogni giorno vengono scoperti nuovi modi in cui la stimolazione del nervo vago può migliorare la nostra salute.

Quando pensi al nervo vago, devi immaginare un enorme cavo elettrico. Se tagliassi quel cavo a metà, scopriresti che è composto da tanti cavi più piccoli. Questi portano a diverse aree del corpo, che vengono quindi influenzate dal funzionamento del nervo vago. Quando questo nervo viene stimolato, ne risente ogni area che raggiunge.

Secondo la ALA (American Lung Association), ogni anno ci sono 1.8 milioni di visite al pronto soccorso e 3,816 morti legate all'asma. L'asma è un problema di salute a lungo termine e non è curabile, ma l'obiettivo è riuscire a controllarne i sintomi in modo da permettere ai pazienti di vivere più a lungo e meglio.

Spesso i dottori si riferiscono all'asma chiamandolo malattia respiratoria cronica. Questa malattia fa infiammare le vie respiratorie di una persona, che quindi si restringono, rendendo più difficile la respirazione. È comune che una persona con l'asma tossisca, rantoli, rimanga senza fiato o provi un senso di oppressione al petto. Quando si soffre d'asma, può essere molto arduo essere attivi e può addirittura rendere difficile parlare.

L'asma è una malattia molto pericolosa e seria che non ottiene il rispetto che dovrebbe. Quanto spesso sentiamo qualcuno dire che ha avuto un attacco d'asma e trattarlo come se niente fosse? Quante volte qualcuno ci ha detto che gli è stato diagnosticato l'asma e non pensiamo che sia una malattia pericolosa? La verità è che l'asma può e in effetti ha tolto la vita a molte persone.

L'asma si ripercuote su ogni aspetto della vita di una persona. Può impedirgli di svolgere certi tipi di lavoro, di trovarsi in determinati ambienti, o persino di fare delle semplici faccende di casa. Può essere tanto grave che persino una conversazione o una risata può causare dolore.

La gravità dell'asma viene valutata in base ai sintomi. È lieve intermittente se la persona soffre dei sintomi meno di due volte alla settimana e meno di due volte al mese, e ha perciò pochi attacchi d'asma.

Viene considerato lieve persistente se i sintomi si presentano da tre a sei volte alla settimana durante il giorno, e da tre a quattro volte al mese durante la notte. A questo punto l'asma potrebbe iniziare ad avere degli effetti negativi sui livelli di attività.

L'asma moderato persistente è quando una persona ne soffre più di sei volte alla settimana durante il giorno e più di quattro volte al mese durante la notte. I livelli di attività ne sono sicuramente influenzati negativamente.

L'asma grave persistente è quando una persona soffre dei sintomi giorno e notte per la maggior parte del tempo. Sono così frequenti che le attività sono limitate.

Ci sono diversi tipi di asma. L'asma in età adulta si verifica quando si inizia a soffrirne da adulti. Anche se si può soffrire di asma a qualsiasi età, la maggior parte delle persone iniziano a vederne i sintomi prima dei 40 anni. Tuttavia, se qualcuno nella tua famiglia soffre di asma, eczema o allergia, è più probabile che lo sviluppi anche tu.

Lo stato di male asmatico è un attacco d'asma prolungato che non risponde a un trattamento normale, come ai broncodilatatori. Questi attacchi necessitano di un trattamento medico d'emergenza immediato.

I bambini che soffrono d'asma potrebbero mostrare diversi sintomi, come una tosse persistente da sdraiati o durante la notte. Potrebbero essere anche privi di energia quando giocano o doversi fermare per riprendere fiato. Potresti notare una respirazione veloce o superficiale. Il bambino potrebbe lamentare dei dolori al petto o potresti sentirlo rantolare, cioè produrre un suono simile a un fischio durante la respirazione.

È anche possibile notare che il petto si alza e si abbassa più del normale. I muscoli del collo e del petto potrebbero essere in tensione e il bambino potrebbe lamentarsi di essere stanco.

L'asma da sforzo si manifesta quando una persona è in movimento. Non è necessario avere altri tipi di asma per soffrire di questa tipologia.

L'asma allergico è attivato da allergeni come polline, polvere o peli di animali. Provoca degli attacchi d'asma gravi o degli attacchi di tosse.

L'asma non allergico si verifica a causa di condizioni metereologiche estreme, ad esempio quando fa molto caldo o molto freddo. Potresti anche soffrire di attacchi quando sei molto stressato o hai un virus.

Quando hai un attacco di asma, possono succedere diverse cose. Potresti avere un'ostruzione delle vie respiratorie, perché i muscoli che le circondano vanno in tensione e l'aria non può circolare liberamente dentro e fuori i tuoi polmoni; in questo caso, ti mancherebbe il fiato e rantoleresti. Anche un'infiammazione dei bronchi potrebbe rendere difficile la circolazione dell'aria e provocare danni ulteriori ai polmoni, perciò è molto importante trattare l'infiammazione assieme all'asma.

Quando una persona soffre di irritabilità delle vie aree, ad esempio a causa di un allergene, queste reagiranno restringendosi, provocando così un attacco d'asma.

Anche se esistono molti trattamenti, dagli inalatori alle pillole fino agli interventi chirurgici, non c'è alcuna cura per l'asma. Il danno causato dall'asma può portare ad altri problemi polmonari futuri, ed è perciò importante prendere sempre i farmaci.

Tuttavia, possiamo fare altro. Stimolando il nervo vago possiamo aiutare ad aprire le vie aeree e migliorare la respirazione. Ciò non significa che dovresti smettere di prendere i farmaci, cosa per cui hai sempre bisogno dell'approvazione del dottore. Tuttavia, puoi ridurre i sintomi e il bisogno di usare un inalatore concentrandoti sulla stimolazione del nervo vago.

Il modo migliore per stimolare il nervo vago per chi soffre d'asma è tramite gli esercizi di respirazione profonda di cui parleremo più avanti. Non solo stimoleranno il nervo vago, ma aiuteranno anche a migliorare il funzionamento dei polmoni e aumenteranno il livello di ossigeno nel sangue.

L'asma può essere spaventosa, ma ci sono alcune cose che puoi fare per ridurne i sintomi. Puoi iniziare subito con l'attivazione e la stimolazione del nervo vago.

Capitolo 7:
L'ADHD e il Nervo Vago

Per molti anni, quando si menzionava l'ADHD le persone pensavano a una malattia che colpiva solo i bambini. Oggi, tuttavia, capiamo che chiunque può soffrirne, e in molti in realtà l'hanno fatto senza mai parlarne.

Cosa è l'ADHD?

L'ADHD è un disturbo neurobiologico, cioè una malattia del sistema nervoso. Questo disturbo può essere causato da fattori biologici, genetici o problemi metabolici. Molte delle malattie che categorizziamo come disturbi mentali, come il bipolarismo, il DOC e la schizofrenia, sono disturbi neurobiologici.

Negli Stati Uniti a circa 10 milioni di adulti è stato diagnosticato l'ADHD. Degli studi hanno dimostrato che, durante l'infanzia, può presentarsi come disturbi comportamentali, abuso di sostanze, sbalzi d'umore o depressione. Sia gli adulti che i bambini possono soffrirne e non sparisce con l'avanzare dell'età.

L'ADHD può ripercuotersi sulla capacità di lavorare, mantenere dei rapporti ed eseguire le azioni quotidiane. Molte persone che soffrono di ADHD non riescono a mantenere un andamento costante al lavoro o a scuola, lottano con la frustrazione e il senso di colpa e pensano sempre di non essere all'altezza.

Per chi soffre di ADHD è molto difficile mantenere la concentrazione quando cerca di portare a termine un compito. Potrebbe avere problemi di memoria e difficoltò a gestire le altre persone e se stesso. Se lasciato da solo, è probabile che si distragga e non riesca a fare ciò che deve.

Una persona con l'ADHD non è in grado di dare la giusta priorità alle cose. Ciò significa che potrebbe pensare che lavare i piatti rimasti nel lavandino sia importante tanto quanto finire il progetto con consegna la mattina successiva. Non riesce nemmeno a pensare agli effetti a lungo termine delle proprie azioni e decisioni. Degli studi hanno scoperto che chi soffre di ADHD potrebbe avere problemi a portare a termine dei compiti e potrebbe dimenticarsi cose molto importanti.

Sintomi dell'ADHD

Di solito l'ADHD viene diagnosticato durante l'adolescenza. Tuttavia, è possibile che ciò non succeda fino all'età adulta. In America, è possibile che a una persona venga diagnosticato solo quando raggiunge i 30, 40 o 50 anni perché in molti non hanno avuto un'assicurazione medica durante l'infanzia. Ci sono molti sintomi diversi a cui dovresti prestare attenzione se pensi che una persona soffra di ADHD:

1. Chi ha l'ADHD mostrerà un comportamento concentrato solo su di sé. Fatica a riconoscere i bisogni o desideri di un'altra persona, potrebbe sembrare egoista e avrà

problemi a capire perché debba aspettare il proprio turno. Vuole ciò che vuole immediatamente.

2. A causa di questo tipo di comportamento, chi soffre di ADHD potrebbe interrompere spesso le persone. Tende a inserirsi nelle conversazioni a cui non stava partecipando, a interrompere gli altri o a cercare di partecipare a delle attività a cui non era stato invitato.

3. Quando un bambino soffre di ADHD, così come gli adulti, potrebbe avere difficoltà ad aspettare il proprio turno. Ad esempio, i bambini potrebbero avere problemi quando si tratta di attività scolastiche o durante i giochi, mentre gli adulti potrebbero riscontrare queste problematiche alla cassa del supermercato o a Natale, quando tutti ricevono i propri regali.

4. Una persona che soffre di ADHD faticherà a controllare le proprie emozioni. Potrebbe avere scoppi di rabbia nei momenti più inopportuni. Potrebbero sembrare capricci, ma sono molto più esagerati.

5. L'irrequietezza è spesso associata all'ADHD: chi ne soffre farà fatica a rimanere seduto, vorrà alzarsi e muoversi. Se costretto a rimanere seduto, potrebbe agitarsi e non riuscire a prestare attenzione a ciò che sta succedendo.

6. Poiché chi soffre di ADHD non riesce a rimanere fermo, gli è molto difficile fare attività tranquille, come leggere un libro o completare un puzzle. Sente il bisogno di alzarsi e muoversi, quando invece dovrebbe rimanere

concentrato sul libro o il puzzle. Tende ad avere più successo in attività fisiche come gli sport.

7. Una persona con l'ADHD potrebbe essere interessata a molte cose, ma pur iniziando molte attività diverse, non riesce a completarne nessuna. Per esempio, potresti notare che la persona inizia a fare le faccende di casa ma si distrae in fretta con qualcos'altro, come un progetto che aveva pensato di iniziare. Si concentrerà quindi sul progetto, per poi cambiare di nuovo attività prima di completarlo. Ci sono così tante cose che ne attirano l'attenzione che non è in grado di completarne una prima che ne arrivi un'altra.

8. Sappiamo anche chi soffre di ADHD non riesce a rimanere concentrato. La persona potrebbe avere problemi a prestare attenzione anche quando le si parla direttamente. Ti dirà di stare ascoltando, che sta capendo ciò che dici, ma non saprà ripetere le tue parole.

9. Le persone che soffrono di ADHD tendono a evitare i compiti che richiedono uno sforzo mentale prolungato. Perciò, hanno problemi a scuola e al lavoro. Siccome non riescono a prestare attenzione o a concentrarsi su quei compiti, non riescono a completarli se richiedono periodi di tempo più lunghi. Ciò potrebbe farle sembrare pigre o come se non gli importasse, ma la verità è che non sono semplicemente in grado di farlo.

10. Quando una persona ha l'ADHD, potresti notare che fa molti errori, che potrebbero sembrare dovuti alla

disattenzione o alla pigrizia, o persino a una scarsa intelligenza, ma non è così. Semplicemente, ha problemi a seguire le istruzioni a meno che non gli vengano dato una per volta. Per esempio, non si può dire a un bambino che soffre di ADHD di pulire la stanza, riordinare i giocattoli, piegare il bucato e rifare il letto. Farà solo quest'ultima cosa. Invece, bisognerà dirgli una cosa alla volta, fargli finire un compito e poi passare a quello successivo.

11. In molti credono che tutti quelli che soffrono di ADHD siano chiassosi o turbolenti. Tuttavia, ci sono anche persone con questo disturbo che sono tranquille e stanno più sulle loro. Potresti trovarle a fissare un punto indefinito, ignorando tutto ciò che gli succede intorno, o a sognare a occhi aperti.

12. Una persona che soffre di ADHD avrà problemi organizzativi. Non riuscirà a tenere traccia dei suoi possedimenti, dei compiti che deve eseguire, degli appuntamenti a cui deve andare o delle attività a cui deve partecipare. Non riuscirà nemmeno a tenere la casa organizzata. Se vai a casa di una di queste persone, potrebbe tenere gli oggetti in posti dove non andrebbero normalmente, per esempio il detersivo dei vestiti in camera da letto. Certo, ciò complica le cose perché, come sappiamo, quando teniamo gli oggetti vicino ai posti dove verranno usati è più probabile che li troviamo. Spesso la loro incapacità di tenere le cose organizzate gli farà

spendere più denaro del dovuto semplicemente perché non trovano ciò di cui hanno bisogno a casa. Se la persona frequenta ancora la scuola, avrà difficoltà a organizzare i compiti, non capirà che è più importante finire quelli per il giorno dopo prima di quelli in consegna fra due settimane.

13. Chi ha l'ADHD potrebbe avere problemi a ricordare le cose. Potrebbe dimenticarsi di fare cose molto importanti, come completare un progetto, fare i lavori di casa o persino pagare le bollette. Potrebbe anche perdere degli oggetti importanti, come i compiti, le scarpe o le chiavi della macchina.

14. Quando una persona soffre di ADHD, ne mostrerà i sintomi in più di un ambiente; un bambino, ad esempio, li mostrerà sia a casa che a scuola, non solo in uno dei due posti.

Ovviamente, tutti ci comportiamo in uno di questi modi di tanto in tanto. Ci capita di sognare a occhi aperti, interrompere una persona mentre parla, agitarci o perdere qualcosa. Tuttavia, se si verificano regolarmente è molto probabile che la persona soffra di ADHD e debba parlare con un dottore. Ci sono dei farmaci che possono aiutare coi sintomi e, nel frattempo, si può trarre vantaggio anche dalla stimolazione del nervo vago.

L'Effetto del Nervo Vago sull'ADHD

Come abbiamo già visto nei capitoli precedenti, la stimolazione del nervo vago aiuta coi sintomi dei disturbi cognitivi, come la depressione e l'ADHD. Tramite la stimolazione del nervo vago possiamo migliorare la salute mentale e il benessere emotivo.

Quando il nervo vago viene stimolato, si riducono i comportamenti aggressivi mostrati da chi soffre di ADHD. In uno studio, a un roditore a cui era stata data una sostanza per ridurre l'aggressione è stato rimosso il nervo vago; è stato scoperto che, a seguito di questa rimozione, il farmaco non aveva più effetto.

Ciò dimostra che quando stimoliamo il nervo vago i farmaci assunti per ridurre l'aggressione funzionano meglio, riducendo così i sintomi. Ovviamente questa pratica non potrà curare l'ADHD, né eliminerà tutti i sintomi, ma è stato provato che aiuti una persona a regolare le proprie emozioni e a diventare meno aggressiva.

L'esercizio fisico è un ottimo modo per stimolare il nervo vago, ed è perciò una buona opzione per chi soffre di ADHD. Non solo stimolerà il nervo vago senza nemmeno che lo sappia (il che è perfetto se si tratta di un bambino), ma la persona potrà anche muoversi invece di dovere rimanere seduta, come succederebbe se praticasse le tecniche di respirazione profonda.

Capitolo 8:
Attivare e Stimolare il Nervo Vago

Abbiamo già scoperto tutti i benefici che derivano dall'attivazione e stimolazione del nervo vago. Sappiamo quanto sia importante per tutte le funzioni corporee, dal modo in cui gestiamo lo stress e l'ansia, alla salute di intestino e cuore. Adesso potresti domandarti come si possa attivare il nervo vago, e magari potresti anche pensare che sia un po' troppo complicato per te.

La buona notizia è che non si tratta affatto di un processo complicato, e ci sono diversi modi in cui puoi attivare il tuo nervo vago per assicurarti di stare vivendo al meglio delle tue possibilità. Quando ci prendiamo il tempo di attivare il nervo vago, rafforziamo il nostro sistema parasimpatico, il che permetterà al nostro corpo di riposarsi e digerire meglio, invece di trovarsi costantemente in uno stato di combatti o fuggi. Attivare il nervo vago ti farà sentire più calmo, in pace con te stesso e tranquillo.

Ci sono cinque modi che ti aiuteranno a stimolare il tuo nervo vago:

1. Cantare. Alcune persone cantano sotto la doccia, altre in macchina, altre ancora lo fanno costantemente o mai. Quando canti attivi il nervo vago: non c'è bisogno che tu

lo faccia bene, non devi colpire nessuno con le tue doti
canore, puoi cantare a squarciagola e goderti l'esperienza,
permettendo al tuo nervo vago di attivarsi. Cantare ti
aiuterà a rilasciare la tensione accumulata e a tonificare il
nervo vago. Se non ti senti a tuo agio a cantare davanti ad
altre persone, non c'è alcun problema. Quando hai un
momento da solo nel corso della giornata, metti la tua
canzone preferita e CANTA. Canta ad alta voce, goditi
questa attività, divertiti. Sono solo un paio di minuti e non
lo saprà mai nessuno, quindi perché non trarre il massimo
da questo poco tempo?

2. Lo yoga è un ottimo modo per attivare il nervo vago.
   Parleremo un po' più nello specifico dello yoga e di come
   può aiutarti ad attivare il nervo vago, così come di alcuni
   esercizi per farlo. Con lo yoga aiuterai a rimuovere la
   negatività dal corpo e dalla mente, migliorando al tempo
   stesso il funzionamento del nervo vago.

3. I gargarismi sono una delle cose semplici che puoi fare per
   aiutare ad attivare il tuo nervo vago. I muscoli che si
   trovano dietro alla gola sono controllati dal nervo vago.
   Ciò significa che quando fai dei gargarismi stai dicendo al
   nervo vago che è ora di svegliarsi e attivarsi. Stimolerai
   anche il tratto gastrointestinale. Se non fai i gargarismi
   dopo esserti lavato i denti la mattina e la sera prima di
   andare a letto, aggiungi questa attività alla tua routine e
   vedi la differenza che può fare.

4. Se hai difficoltà a rilassarti, non farti un bagno caldo, ma una doccia fredda o, ancora meglio, salta nell'acqua fresca di un fiume. Degli studi hanno dimostrato più e più volte che quando il tuo corpo deve abituarsi alla temperatura fredda, si attiva il sistema nervoso parasimpatico, che è controllato (ormai lo avrai capito) dal nervo vago. Il modo migliore per attivare il nervo vago con l'acqua fredda è di spostare il rubinetto tutto verso il blu durante gli ultimi minuti della doccia. Se fuori è abbastanza caldo, vai al fiume e saltaci dentro! Ciò aiuterà anche a stimolare il tuo corpo e ad essere più attivo.

5. La respirazione profonda è un ottimo metodo di attivazione del nervo vago per chiunque. Dedicherò un capitolo intero agli esercizi di respirazione profonda più avanti. Non preoccuparti, sono molto semplici e può farli chiunque. Quando respiri profondamente per attivare il nervo vago, aiuti ad abbassare la pressione del sangue e a ridurre l'ansia.

Ora che sai come attivare il nervo vago, parliamo della sua stimolazione.

1. La meditazione ti aiuterà a stimolare il nervo vago, ma ci sono due tipologie che funzionano meglio delle altre. La meditazione positiva ti aiuterà ad aumentare il tono del nervo vago, che riuscirai a valutare tramite il battito cardiaco. Parleremo meglio della questione fra poco. Puoi usare anche la meditazione Om per il cambiamento. Se ti

interessa provare la meditazione, ci sono molte sessioni guidate gratuite online. La meditazione ti porterà molti benefici e puoi concentrarti su aree specifiche della tua vita che vuoi migliorare, come la produttività o la perdita di peso.

2. Formare dei rapporti sociali positivi aiuta a stimolare il nervo vago. Anche se all'inizio potrebbe sembrare difficile, se stai lottando con l'ansia sociale e usi altri metodi menzionati in questo libro, potrebbe diventare sempre più facile col passare del tempo. Pensare positivamente alle altre persone farà una grande differenza. Quante persone conosci che sono sempre negative nei confronti degli altri e sperano che gli succedano cose brutte? Così facendo, stanno danneggiando il loro nervo vago. Se in questo momento non riesci a interagire con gli altri, basta che fai pensieri positivi su di loro. Per esempio, quando una signora salta la fila al supermercato, non impattare negativamente il tuo nervo vago. Invece, stimolalo subito facendo pensieri positivi, ad esempio: "Spero che abbia una bella giornata tranquilla". Degli studi hanno dimostrato che quando una persona si concentra su emozioni e sensazioni positive più che su quelle negative, le funzioni del nervo vago migliorano e il battito cardiaco si stabilizza.

3. Ridere è davvero la medicina migliore. Ci sono stati degli studi che hanno dimostrato che ridere porta dei vantaggi per la salute. La risata può aiutare a migliorare la salute

del cuore ed è ottima anche per il cervello. In alcuni casi, quando una persona ride molto può arrivare persino a svenire: si crede che ciò sia dovuto alla stimolazione eccessiva del nervo vago. È stato scoperto anche che la risata può essere un effetto collaterale della stimolazione del nervo vago. Anche se ridere troppo può fare svenire alcune persone, finché ti stai godendo una bella risata in un luogo sicuro non c'è assolutamente niente di male.

4. Sapevi che anche le preghiere possono aiutare a stimolare il nervo vago? Alcuni studi hanno dimostrato che quando una persona prega la pressione del sangue si stabilizza e la salute del cuore migliora. Alcuni ricercatori credono che ciò sia dovuto al modo in cui si respira quando si prega. In questi momenti, la respirazione rallenta e diventa più profonda, il che stimola il nervo vago. Tuttavia, c'è chi crede che sia l'atto stesso a migliorare la funzione del nervo vago. Ad ogni modo, recitare qualche preghiera al giorno non fa male a nessuno e, anzi, può migliorare la tua salute.

5. Nel corso degli ultimi anni i probiotici sono diventati molto popolari, ma sono in pochi a sapere che aiutano anche a stimolare il nervo vago. Si crede che sia perché l'intestino è connesso al cervello tramite il nervo vago. Ci sono degli studi che dimostrano che la salute dell'intestino può ripercuotersi su quella del cervello!

6. Esercizio fisico! Sappiamo tutti che ci fa bene e che dovremmo assicurarci di farne un po' ogni giorno per un

miglioramento generale della salute e per tenere sotto controllo il peso. Ma l'esercizio fisico aiuta anche a stimolare il nervo vago. Se non sei abituato ad allenarti è importante che inizi con calma e aumenti il tempo e l'intensità gradualmente; ma, con un po' di impegno, puoi rendere l'esercizio fisico parte della tua routine quotidiana.

7. Dato che alla maggior parte delle persone non piace allenarsi, che ne dici di un massaggio? Se ti fai fare un massaggio, assicurati che venga data attenzione alla carotide sinusale, che si trova nel collo. Massaggiare quest'area aiuterà a stimolare il tuo nervo vago, e degli studi hanno dimostrato che può anche aiutare a ridurre gli attacchi epilettici. Bisogna notare che non dovresti cercare di massaggiare la carotide sinusale da solo a casa, perché può portare allo svenimento. Tuttavia, se vuoi puoi chiedere al tuo partner di farti un massaggio ai piedi, che può a sua volta stimolare il nervo vago, migliorare la salute del cuore e abbassare la pressione del sangue.

8. Il digiuno non è più molto praticato ma, grazie alla dieta chetogenica, si è diffuso invece il digiuno intermittente, che ti aiuterà a migliorare la salute del cuore e stimolerà il nervo vago. Cosa è il digiuno intermittente? È un ciclo fra periodi in cui puoi mangiare e altri in cui digiuni, ed è ottimo per la salute. Non morirai di fame, ma eviterai di mangiare per un periodo di tempo determinato, che può variare dalle 12 alle 16 ore dopo aver cenato. Dormirai per

almeno 8 di queste ore, quindi non è così difficile come sembra. Potresti anche digiunare fra la colazione e la cena. Sono delle finestre di tempo in cui semplicemente dici: "Okay, ho finito di mangiare per oggi, non mangerò fino a domani a questa ora specifica". Non solo scoprirai di non essere affamato tanto quanto credi, ma ti sentirai anche meglio di prima e stimolerai il nervo vago per tutto il tempo.

9. Dormi sul lato destro se vuoi stimolare il nervo vago quando riposi. Degli studi hanno dimostrato che quando dormi sul lato destro non solo stimoli il nervo vago, ma migliori anche la salute del cuore. Dormire sulla schiena non aiuterà affatto con la stimolazione, mentre dormire sul lato sinistro potrebbe stimolare un po' il nervo, ma non fa bene al cuore.

10. Sapevi che quando mastichi una gomma stai attivando l'ormone dell'intestino nel cervello? La masticazione prepara l'intestino a digerire il cibo, ma aiuta anche a stimolare il nervo vago, il che potrebbe migliorare il funzionamento e la salute intestinale. Assicurati di prendere le gomme da masticare senza zucchero e di lavarti bene i denti a fine giornata.

11. Degli studi hanno dimostrato che quando ci esponiamo al sole stimoliamo il nervo vago. Al giorno d'oggi molte persone soffrono di carenza di vitamina D perché escono raramente. Trascorriamo le giornate a lavorare alla scrivania e le sere dentro casa. Non siamo attivi come le

generazioni precedenti e la nostra salute ne sta risentendo. Non solo il sole ci fornisce la vitamina D, che aiuta a prevenire la depressione, ma stimola anche naturalmente il nervo vago, che aiuta a difenderci dalle malattie mentali.

Sapevi che nella vita ci sono delle cose che impediscono al nervo vago di funzionare correttamente? Fra queste ci sono i carboidrati, che alzano i livelli di insulina e possono causare delle infiammazioni nel corpo. Lo zenzero, che viene spesso usato per prevenire la nausea, può avere un effetto negativo sul nervo vago, perché impedisce all'intestino di produrre la serotonina.

Il nervo vago gioca un ruolo molto importante nella nostra salute in generale. Quando non funziona correttamente può portare a diversi disturbi, come ansia, sindrome dell'intestino irritabile, depressione, problemi digestivi, di salute sessuale, cardiaci e molti altri.

Stimolando il nervo vago con le tecniche di cui abbiamo parlato in questo capitolo, migliorerai la tua salute mentale e fisica in generale. Ti sentirai meglio e avrai più energia. Tuttavia, durante la stimolazione è importante evitare gli inibitori, come i pasti ricchi di carboidrati e persino i peperoncini.

Misurare l'Attività del Nervo Vago

Puoi tenere traccia dei progressi che stai facendo con la stimolazione del nervo vago. Dovresti tenere una sorta di diario o quaderno su cui prendere nota ogni giorno dei tuoi sintomi.

Mentre ti concentri sulla stimolazione del nervo vago, ci sono alcune cose a cui devi prestare attenzione.

La prima cosa per tracciare i tuoi progressi è monitorare il battito cardiaco. Un nervo vago che non funziona correttamente spesso lo farà aumentare. Perciò, facendo progressi con la stimolazione noterai che inizia invece ad abbassarsi. Ciò è importante perché il cuore è un muscolo, e se lavora sempre troppo per poter fornire al corpo il sangue di cui ha bisogno può indebolirsi. Se il tuo cuore sta lavorando troppo, puoi soffrire di diversi problemi cardiaci.

Noterai anche una stabilizzazione della pressione sanguigna. Un nervo vago inattivo o danneggiato farà aumentare la pressione, il che può metterti a rischio di molte malattie, fra cui un aumento della possibilità di avere un ictus. Tieni traccia della tua pressione del sangue mentre lavori per stimolare il nervo vago. Non devi farlo quotidianamente, perché cambierà a seconda delle circostanze della tua vita. Tuttavia, quando ti misuri la pressione assicurati che entrambi i piedi siano ben appoggiati per terra. Non incrociare le gambe all'altezza delle caviglie. Resta il più fermo possibile e non parlare. In questo modo avrai un risultato più accurato. Scrivi il numero ogni settimana e controllane il cambiamento. Se dovessi notare che sta aumentando, annota anche gli eventi stressanti che si stanno verificando in quel momento nella tua vita.

Se soffri di depressione, disturbo bipolare, ansia, ADHD o qualsiasi altra malattia mentale, devi tenere traccia dei tuoi sintomi e assicurarti di notare quando iniziano a migliorare. È facile non accorgerci dei piccoli miglioramenti, ma quando lavori per stimolare il nervo vago devi assicurarti di concentrarti su ogni progresso. Non solo inizierai a notare questi cambiamenti e a sentirti meglio riguardo al tuo futuro, ma ti aiuteranno anche a rimanere motivato a continuare a stimolare il nervo vago. Ricorda che i piccoli cambiamenti si sommano col passare del tempo, e possono trasformarsi velocemente in grandi risultati.

A prescindere da quale sia il motivo per cui vuoi stimolare il nervo vago, c'è sempre qualcosa che puoi tracciare e misurare. Per esempio, se il tuo obiettivo è dimagrire, puoi tenere traccia del tuo peso. Fissa un obiettivo e inizia a concentrarti sui cambiamenti che vedi man mano che continui a stimolare il nervo vago. Quando inizierai a vedere dei cambiamenti, saprai che ciò che stai facendo funziona.

Capitolo 9:
La Meditazione per Attivare il Nervo Vago

Quando attiviamo il nervo vago, facciamo una cosa positiva per il nostro corpo. Aiutiamo a ridurre la pressione del sangue, migliorare la memoria, combattere le infiammazioni, superare l'ansia e la depressione, ridurre le allergie e il livello di stress, far nascere nuove cellule cerebrali, disattivare la risposta combatti o fuggi in modo da poterci rilassare, e molto altro.

Poiché l'attivazione del nervo vago porta così tanti benefici, è importante assicurarci di farlo nel modo corretto. Ci sono molti modi per attivare e stimolare il nervo vago, e possiamo incorporarli nella nostra vita quotidiana.

Cosa è la Meditazione?

La meditazione, così come l'esercizio fisico, è un'abilità: dovrai imparare a farlo e diventerai sempre più bravo col passare del tempo. Al giorno d'oggi la meditazione è molto popolare perché le persone hanno iniziato a riconoscerne i benefici e non è più una pratica new age strana e stigmatizzata. Alcune cerchie pensano ancora che la meditazione sia solo per gli hippie o i monaci, ma la maggior parte della gente ne vede i benefici. Chiunque può meditare: non è necessario credere in una data divinità o avere delle credenze politiche specifiche. A prescindere da chi tu sia, puoi ottenere dei benefici dalla meditazione.

Anche se è una pratica diffusa, molte persone non sanno esattamente cosa sia. Alcuni pensano alla meditazione come a uno stato profondo di concentrazione, mentre altri lo vedono come uno stato mentale di pace. Si concentrano sull'idea di rallentare la mente per poter ottenere sollievo dallo stress. Ma la meditazione non è questo. In realtà, non possiamo impedire alla nostra mente di essere attiva. Dobbiamo invece pensare alla meditazione come a uno stato mentale, una consapevolezza.

Possiamo entrare tutti in questo stato in qualsiasi momento della giornata. Non dobbiamo essere seduti in una posizione specifica pensando a una determinata cosa o concentrandoci su un pensiero in particolare. Possiamo meditare al lavoro, mentre guidiamo o siamo seduti all'aperto.

Meditare non significa concentrarsi su una certa idea od oggetto per un periodo di tempo specifico; questa è piuttosto la visualizzazione. La meditazione non è una perdita di controllo, non sentirai delle voci o dei suoni che non ci sono, non vedrai cose che non esistono, e non perderai il controllo dei tuoi movimenti.

La meditazione non è un esercizio. Non ha niente a che fare con la respirazione profonda, anche se le due cose possono essere usate in combinazione, e non richiede uno sforzo mentale. Non devi sederti e concentrarti sulla meditazione. Invece, puoi concentrarti su altri compiti mentre mediti. In realtà, mentre sto scrivendo questo libro sto anche meditando.

I Vantaggi della Meditazione

La meditazione ti porterà molti benefici, che il motivo per cui viene praticata sempre di più. Le persone hanno scoperto che le aiuta con le difficoltà che affrontano nella vita di tutti i giorni, a superare cose che pensavano non sarebbero mai riuscite a superare. Di seguito trovi un elenco di solo alcuni dei moltissimi vantaggi della meditazione:

1. La riduzione dello stress è uno dei motivi principali per cui le persone decidono di rivolgersi alla meditazione. Come abbiamo scoperto in precedenza nel corso del libro, quando siamo stressati il corpo rilascia il cortisolo, l'ormone dello stress. Ciò può avere un effetto negativo su di noi, soprattutto se lo viviamo per molto tempo, per esempio quando soffriamo di stress o ansia cronici. Possiamo soffrire di depressione, ansia, pressione elevata, incapacità di pensare chiaramente, sonno disturbato e spossatezza, tutto per colpa di questo ormone dello stress. Degli studi hanno dimostrato che quando meditiamo riduciamo l'infiammazione nel corpo; la meditazione aiuta inoltre a ridurre lo stress e i sintomi delle malattie a esso collegate, come il disturbo post-traumatico da stress, la sindrome dell'intestino irritabile e la fibromialgia.

2. La meditazione aiuta a controllare l'ansia. Dato che aiuta a ridurre lo stress, possiamo presuppore che anche i livelli

di ansia si ridurranno. Tuttavia, ciò che molte persone non realizzano è che quando meditiamo si riducono anche i sintomi di molti disturbi dell'ansia, come l'ansia sociale, il DOC, le fobie e gli attacchi di panico. Diversi studi hanno dimostrato che la meditazione aiuta a ridurre l'ansia e i sintomi dei disturbi d'ansia. È stato provato anche aiuta a ridurre l'ansia causata dal lavoro in ambienti ad alta pressione.

3. Aiuta a migliorare la salute emotiva. Praticare la meditazione può aiutare a migliorare l'immagine che si ha di sé e della vita. È stato provato che diminuisce i sintomi della depressione e migliora l'umore. Favorisce i pensieri positivi e i risultati sono a lungo termine.

4. La meditazione è un ottimo modo per migliorare la propria consapevolezza di sé. Ti aiuterà a capire chi sei, a conoscerti e a diventare la persona che sei. Può aiutarti a superare i pensieri negativi che hai su di te e i comportamenti autodistruttivi. È stato dimostrato che aiuta chi soffre di malattie croniche a sentirsi più positivo riguardo al futuro. Degli studi hanno dimostrato anche che quando le persone oltre i 60 anni praticano la meditazione si sentono meno sole rispetto a chi non la pratica.

5. Quando meditiamo, miglioriamo la nostra capacità di attenzione, il che è ottimo per chi soffre di ADHD o disturbi simili. Diversi studi hanno dimostrato che chi pratica la meditazione è in grado di rimanere concentrato

su un compito più a lungo di chi non la pratica. Si ricorda anche meglio i dettagli e le informazioni importanti. Può aiutare a non farci preoccupare per tutto il tempo, ad aumentare l'attenzione e a far vagare di meno la mente. La buona notizia è che non devi meditare per ore. In realtà, meditare ogni giorno per un breve periodo di tempo è sufficiente perché la tua capacità di attenzione inizi a migliorare.

6. La meditazione migliora la memoria e può ridurre le possibilità di sviluppare delle malattie a essa legate durante l'anzianità. Quando la mente è libera e concentrata rimane giovane. È stato dimostrato che chi ha praticato la meditazione da giovane stava meglio durante l'anzianità. Persino chi ha già sviluppato la demenza può trarre vantaggio dalla meditazione: può aiutare a migliorarne la memoria.

7. La meditazione può renderci più gentili. La meditazione positiva aiuterà ad aumentare la positività nella tua vita. Cambierà il modo in cui pensi a ciò che ti circonda, come ti relazioni con le persone e come vedi la vita in generale. Penserai a tutto in maniera più positiva: alla vita, a te stesso, agli altri. Quando pratichi la meditazione positiva, stai invitando la positività nella tua vita e permetti a te stesso di essere gentile con chi ti sta attorno, di perdonare le persone che ti hanno ferito e di aiutare chi ne ha bisogno. Inoltre, la meditazione positiva può aiutare a

ridurre l'ansia sociale, a gestire la rabbia e a migliorare il tuo matrimonio.

8. Abbiamo sentito tutti parlare delle persone che si fanno ipnotizzare per poter superare una dipendenza, ma sapevi che è possibile usare la meditazione per ottenere lo stesso risultato? La meditazione aiuta le persone a imparare come migliorare la propria forza di volontà, reindirizzare l'attenzione, capire perché si comportano in un determinato modo e a controllare le emozioni. Degli studi hanno persino dimostrato che la meditazione può aiutare gli alcolisti a ridurre le loro possibilità di ricaduta aiutandoli a imparare a controllare i loro desideri. Ciò può essere usato anche nel campo della perdita di peso. Immagina quanto potresti dimagrire se sapessi controllare le tue voglie.

9. La meditazione migliora il sonno. Ogni notte, prima di andare a dormire, mi prendo il tempo di meditare. So che se non lo faccio passerò la notte a fissare il soffitto, perché soffro di insonnia. Tuttavia, quando medito mi addormento immediatamente. La ricerca ha scoperto che chi medita si addormenta più in fretta e dorme più a lungo di chi non lo fa. La meditazione aiuta il corpo a rilassarsi e ad alleviare la tensione, il che lo prepara al sonno e ti permette di non preoccuparti dei problemi della giornata.

10. La meditazione può essere usata per aiutare a controllare il dolore. Il modo in cui percepiamo il dolore è connesso al nostro stato mentale. Hai mai incontrato qualcuno con

una soglia del dolore molto alta? Quando ci troviamo in una situazione stressante, la nostra soglia del dolore diminuisce. Uno studio ha esaminato 3,500 persone e ha scoperto che quando meditavano provavano meno dolore associato alle malattie croniche. È stato suggerito che la meditazione entri a far parte del trattamento per le persone a cui sono state diagnosticate delle malattie terminali. Più volte è stato dimostrato che anche se due persone soffrono dello stesso dolore causato dalla stessa cosa, quando una medita prova meno dolore della persona che non lo fa.

11. La meditazione può migliorare la salute fisica e mentale, e uno dei modi tramite cui lo fa è abbassare la pressione del sangue. Quando una persona ha la pressione alta, il cuore deve lavorare molto più del normale per pompare il sangue al resto del corpo. Come abbiamo già detto, ciò può fare funzionare male il cuore, il che può portare a ictus o infarti. Degli studi hanno dimostrato che è possibile ridurre la pressione del sangue semplicemente meditando ogni giorno. Non ti piacerebbe smettere di prendere i farmaci per la pressione e iniziare a vedere dei risultati veri? La meditazione può ridurre la pressione del sangue perché spegne la risposta combatti o fuggi.

Ci sono molti tipi diversi di meditazione e puoi praticarli in qualsiasi posto tu voglia. Non devi dare spettacolo quando mediti, puoi farlo senza che nessuno lo sappia. Possiamo praticarla tutti per migliorare non solo la nostra salute emotiva e mentale, ma anche quella fisica. Non devi avere una tecnica speciale e puoi trovare molte meditazioni guidare online, da seguire finché non ti senti a tuo agio a meditare da solo.

Prova alcuni stili diversi di meditazione per capire quale preferisci. Suggerisco di provarla per non meno di 30 giorni, periodo nel quale inizierai a vedere i risultati, se la pratichi con costanza.

Come Meditare

La meditazione è molto semplice, ma può cambiarti la vita: può migliorare la tua salute mentale e fisica. Tuttavia, molte persone non la praticano. Conduciamo tutti vite molto impegnate, siamo sempre in movimento. Corriamo da un posto all'altro e abbiamo a malapena il tempo di sederci a mangiare, perciò come potremmo trovare il tempo di meditare?

La buona notizia è che la meditazione non richiede molto tempo. Puoi farlo in qualsiasi momento della giornata: mentre sei al lavoro, durante la pausa pranzo, mentre ti alleni la mattina, o anche prima di andare a dormire.

Ci sono così tanti modi diversi di meditare che mi sarebbe impossibile parlare di tutti, ma condividerò con te alcune delle tecniche che uso.

La prima tecnica che uso si chiama meditazione guidata ed è la più facile. Non devi fare altro che indossare delle cuffie e ascoltare. Online ne ho trovata una che mi piace ascoltare e che trovo molto rilassante. Ce ne sono tante disponibili, e alcune sono molto più rilassanti di altre. Dovrai ascoltarne più di una per poter trovare quella giusta per te perché, come puoi immaginare, non troverai rilassanti tutte le voci che ascolterai. Per me, funziona una voce maschile calmante e profonda.

Questo è il tipo di meditazione che uso mentre lavoro, come in questo momento, quando mi alleno o prima di andare a dormire. Non c'è nessun problema se ti addormenti durante la meditazione, perché il tuo subconscio ne trarrà comunque vantaggio. È questa la cosa fantastica della meditazione guidata.

Ogni volta che mi trovo ad affrontare un problema specifico, come la produttività o la positività, cerco una meditazione guidata che si concentri su quell'area specifica della mia vita e la ascolto mentre lavoro per poter trarre il massimo dal tempo che ho a disposizione. Non solo inizio subito a vedere dei miglioramenti, ma questi persistono anche per molto tempo.

Pratico anche la meditazione non guidata, di solito in macchina (ovviamente con gli occhi aperti) o mentre faccio delle commissioni. La uso anche quando ho bisogno di qualcosa in più per aiutarmi a superare la giornata.

Prima di tutto dovrai scegliere un luogo. A volte mi allontano da tutti e mi metto a meditare, non voglio sentire alcun rumore, solo un po' di pace e del tempo con me stesso. Puoi sederti, rimanere in piedi o continuare a fare qualsiasi cosa stessi facendo prima.

Assicurati solo di non essere incurvato: la buona postura è importante per la salute.

Se possibile, chiudi gli occhi, altrimenti tienili aperti, ad esempio se stai guidando o facendo altro. Rilassa ogni muscolo del tuo corpo a partire dalla punta dei piedi e fino alla cima della testa. Inspira dal naso ed espira dalla bocca mentre rilassi ciascun muscolo.

Sii consapevole di come si sente il tuo corpo. Percepisci i muscoli che si rilassano e vivi nel momento. Non preoccuparti di tutto il caos attorno a te. Non preoccuparti delle bollette che devi pagare o del progetto da consegnare domani mattina. Concentrati sul qui e ora. Se ti accorgi che i tuoi pensieri continuano ad andare in altre direzioni, riportarli indietro e rilassa il corpo.

Una volta che ti senti completamente rilassato, puoi aprire gli occhi (se non erano già aperti) e andare avanti con la tua giornata. Se hai deciso di prenderti un po' di tempo per te stesso, alzati e fai dello stretching, permettendo al sangue di fluire in ogni parte del tuo corpo prima di dedicarti alla prossima attività. Questa è la meditazione.

Alcune persone possono trovare più facile meditare con della musica rilassante in sottofondo, e va benissimo. In realtà, ascoltare della musica rilassante mentre mediti è un'ottima idea, perché quando sentirai quella musica in futuro il tuo corpo saprà che è ora di meditare.

Domande e Risposte

1. Quanto spesso devo meditare?

   Molte persone si domandano quanto spesso dovrebbero meditare. Una volta alla settimana? Non proprio. Dovresti assicurarti di farlo almeno una volta al giorno. Io preferisco un po' di più: anche quando sono impegnato e non ho molto tempo, mi assicuro di meditare la mattina e prima di andare a dormire.

   Potrebbe sembrare solo un'altra cosa da fare agli inizi, un altro compito noioso da aggiungere alla lista, ma a mano a mano che imparerai a meditare inizierà a piacerti. Non vedrai l'ora di farlo ogni giorno.

2. Per quanto tempo dovrei meditare?

   Agli inizi, dovresti cercare di fare almeno 15 minuti di meditazione per sessione. La maggior parte delle volte la tua mente non riuscirà a calmarsi per almeno 10 minuti, il che significa che non ne trarrai vantaggio se la praticherai solo per 10 minuti. Se più avanti decidessi di meditare più a lungo, non c'è problema. Conosco persone che meditano per due ore la mattina. Io preferisco dormire di più, ma è comunque possibile farlo.

3. Trovo molto difficile stare seduto e concentrarmi durante la meditazione.

Molte persone hanno questo stesso problema, ma ricorda ciò che ho detto all'inizio del capitolo. La meditazione non riguarda la concentrazione, lo stare seduto fermo o il pensare solo a una cosa. Quella è più che altro la visualizzazione. Se hai bisogno di muoverti mentre mediti, non c'è nessun problema. Se vuoi meditare mentre ti alleni o lavori, puoi farlo. Devi concentrarti sul fare ciò che funziona meglio per te, e non preoccuparti di quello che pensano gli altri. Io medito in maniera diversa dagli altri, lo facciamo tutti a modo nostro; si tratta solo di capire quale sia quel modo per te.

4. Ho paura che la meditazione vada contro le mie credenze religiose. Cosa posso fare?

La meditazione non è una religione e non va contro alcuna credenza. Devi ricordare che non stai pregando una divinità, non devi concentrarti su alcun testo o icona religiosa. Se dovessi imbatterti in una meditazione guidata che ti chiede di fare una cosa del genere, basta semplicemente cambiarla.

5. Continuo ad addormentarmi mentre medito, cosa posso fare?

Come ho già detto, se pratichi la meditazione guidata non c'è nessun problema se ti addormenti. Il suo subconscio ne trarrà comunque vantaggio. Se stai meditando da solo e ti addormenti, non importa: significa solo che il tuo corpo è in uno stato completamente rilassato. D'altro lato, se ti trovi in una situazione in cui non vuoi addormentarti, per esempio al lavoro, puoi fare alcune cose per evitare che succeda. Prima di tutto, devi assicurarti che ci sia abbastanza luce. Se mediti con gli occhi chiusi, aprili. Se non dovesse funzionare, suggerisco di meditare prima di andare a dormire, invece di quando sei fuori di casa o al lavoro.

L'Effetto della Meditazione sul Nervo Vago

La meditazione e il nervo vago sono molto importanti una per l'altro. Lavorano insieme e insieme funzionano correttamente. Probabilmente hai già notato che la meditazione ha molti effetti in comune con la stimolazione del nervo vago. Si crede che ciò dipenda dal fatto che i vantaggi della meditazione siano provocati dalla stimolazione del nervo vago.

La meditazione consapevole, cioè quando ci concentriamo sull'essere completamente presenti nel momento attuale, sembra essere il tipo di meditazione più efficace per stimolare il nervo vago, perché ci aiuta ad essere presenti in questo momento esatto, senza concentrarci su quello che è successo in passato o potrebbe succedere in futuro. Viviamo pienamente ogni momento.

La consapevolezza può migliorare tutte le altre forme di meditazione e aumentarne significativamente i benefici. Se pratichi la meditazione, non hai bisogno di usare nessun altro metodo per stimolare il nervo vago ma, se dovessi farlo, i tuoi risultati saranno concentrati.

Quando meditiamo il nostro cervello manda un messaggio al sistema nervoso che dice al corpo di interrompere la risposta combatti o fuggi. Ciò è necessario se vogliamo stimolare il nervo vago e ridurre stress, depressione, ansia, dolore o altri problemi.

Praticando la meditazione possiamo prendere il controllo delle funzioni del corpo che pensavamo fossero automatiche. È una cosa molto importante perché non solo ci dimostra che possiamo letteralmente guarire grazie alla stimolazione del nervo vago tramite la meditazione, ma ci permette anche di capire che possiamo controllare la nostra salute e benessere.

Capitolo 10:
Guarire il Nervo Vago con lo Yoga

Lo yoga è diventato molto popolare diversi anni fa e probabilmente ne hai già sentito parlare. Al giorno d'oggi, alla parola yoga è associato il pensiero di una buona forma fisica. Anche se è un ottimo modo per rafforzare il corpo e favorire la flessibilità, lo yoga non è solo questo.

Una volta che si inizia a praticare lo yoga per essere fisicamente in forma, spesso si inizia a capire che è un'attività che coinvolge anche pratiche spirituali e morali.

Lo yoga può essere usato come parte di una terapia, per ripristinare le funzioni mentali e la salute fisica. L'idea alle spalle di questa pratica è molto antica, anche se alla maggior parte di noi può sembrare nuova. Lo yoga come esercizio fisico non è nato per chi ha bisogni particolari o problemi di salute. Tuttavia, quando viene usato per la terapia affronta proprio questi problemi e può aiutare una persona a trovare sollievo da asma, dolori alla schiena cronici, reumatismi e molte altre malattie.

Usando lo yoga per migliorare la tua forma fisica o come terapia, riuscirai a trarne davvero molti benefici, se lo applicherai come stile di vita. Ciò che significa che dovrai praticare la saggezza dello yoga nella tua vita quotidiana: praticherai lo yoga ogni giorno, ma lo vivrai anche.

Questo significa che dovrai seguire il modo di vivere yoga. Ci sono sei diversi aspetti di questo stile di vita da applicare alla tua vita quotidiana, e includono cosa mangi, come ti comporti, il pensiero positivo, la meditazione, il rilassamento e la musica. Come avrai capito, seguire uno stile di vita yoga avrà effetti su ogni area della tua vita.

I Vantaggi dello Yoga

Anche se le mode passeggere negli allenamenti lasciano il tempo che trovano, lo yoga viene praticato da circa cinquemila anni. Come abbiamo già visto, non si tratta solo di bruciare calorie e tonificare i muscoli, ma anche di seguire uno stile di vita che si concentra su stretching, posizioni e pose di rafforzamento, così come su meditazione, relax e respirazione profonda. Tuttavia, c'è molto altro: è un modo di vivere la propria vita.

Una persona che pratica yoga:

1. Non è violenta nei suoi confronti né in quelli degli altri.
2. Dice solo la verità. Prima di parlare pensa alle conseguenze di ciò che sta per dire, e pensa alle conseguenze del suo comportamento prima di agire.
3. Non ruba. Crede solo nel prendere ciò di cui ha bisogno e usare ciò che ha per aiutare chi la circonda. Non desidera le cose degli altri e non impedisce mai a qualcuno di raggiungere i suoi obiettivi.
4. È fedele nelle relazioni, agli impegni, ai principi e rispetta le promesse.

5. Non è avida e vive semplicemente, secondo il minimalismo. Prende solo ciò di cui ha bisogno per mantenere il proprio stile di vita.

6. È amichevole, compassionevole, allegra e indifferente nei confronti di chi è malvagio.

Anche se è possibile praticare le posizioni yoga senza assumerne lo stile di vita, seguire questo percorso potrebbe cambiarti la vita. Ti permetterà di avere una posizione senza pregiudizi e di essere consapevole di tutto quello che fai.

Ovviamente ci sono anche molti altri vantaggi, fra cui:

- Migliora la flessibilità – È uno dei motivi principali per cui molte persone iniziano a praticare yoga. Agli inizi è improbabile che riescano a toccarsi le punte dei piedi o a piegarsi all'indietro. Tuttavia, continuando a praticare yoga il corpo inizia a sciogliersi e quello che prima ritenevano impossibile diventa possibile.

- Aumenta la forza muscolare – I muscoli fanno la loro bella figura, ma hanno anche uno scopo importante: proteggono il nostro corpo quando cadiamo e da malattie come mal di schiena cronico o artrite. Quando pratichi yoga, puoi rafforzare i muscoli proprio come se andassi a fare sollevamento pesi in palestra.

- Migliora la postura – Dobbiamo ammettere che a volte la testa diventa troppo pesante da reggere. Quando non manteniamo una buona posizione, affatichiamo la schiena e il collo. Tuttavia, quando migliori i muscoli con lo yoga, questi diventano più forti e in grado di tenere dritta la testa. Inoltre, impari anche a tenere la postura perfetta che aiuta ad alleviare il dolore a schiena e collo.

- Fa fluire il sangue – Lo yoga aiuta il flusso del sangue e migliora la circolazione, soprattutto in mani e piedi. Le cellule avranno più ossigeno, cosa vitale per il loro funzionamento. Ciò può aiutare coi problemi di cuore e reni, così come a ridurre il gonfiore a mani, gambe o piedi. È stato dimostrato che lo yoga aiuta a ridurre le possibilità di infarti e ictus.

- Migliora il sistema immunitario.

- Riduce la depressione – Degli studi hanno dimostrato che quando pratichi yoga la frequenza cardiaca a riposo diminuisce, e potresti trovare un po' di sollievo dalla depressione. Non solo inizierai a sentirti bene per i progressi fatti e il miglioramento nell'aspetto fisico, ma il tuo corpo rilascerà anche gli ormoni della felicità. Chi lo sa, potresti anche liberarti della depressione.

- Fa abbassare la pressione del sangue – Molte volte è stato notato che quando una persona pratica yoga, la sua pressione si stabilizza. In parte è dovuto al fatto che sta facendo esercizio fisico, ma anche perché allevia lo stress accumulato e impara a rilassarsi.

- Funge da base per uno stile di vita sano – Quando una persona pratica yoga inizia a bruciare più calorie. Se inizia a seguire lo stile di vita yoga, mangia dei pasti più semplici e sani, che favoriscono la perdita di peso. Potresti diventare più consapevole di cosa inserisci nel tuo corpo, il che porterà a uno stile di vita sano.

- Abbassa la glicemia – Degli studi hanno dimostrato che quando si pratica lo yoga inizia a diminuire la glicemia. Il primo motivo per cui ciò accade è che lo yoga blocca la risposta combatti o fuggi, abbassando quindi la quantità di adrenalina e cortisolo nel corpo. Lo yoga favorisce anche la perdita di peso e ci aiuta a diventare più consapevoli di cosa mangiamo.

- Migliora la concentrazione – Una parte molto importante dello yoga è imparare a essere consapevoli di cosa stia succedendo in quel momento. Impariamo a essere presenti nel momento e a non preoccuparci delle cose successe in passato o che potrebbero verificarsi in futuro. Invece, ci concentriamo al massimo sull'esperienza attuale, comprendendo che non si ripeterà mai in futuro. Poiché ci concentriamo sul momento che stiamo vivendo, riusciamo a concentrarci meglio su cosa stiamo facendo.

- Migliora il sonno – Molte persone si lamentano di non riuscire a dormire abbastanza o di faticare ad addormentarsi. Una delle prime domande che gli pongo è: "Stai facendo abbastanza esercizio fisico?". La maggior parte delle volte la risposta è "no", ed è uno dei motivi per cui lo yoga migliora il sonno. Tuttavia, ciò dovuto anche al fatto che aiuta il corpo a rilassarsi. Quando pratichi meditazione e yoga, la risposta combatti o fuggi viene

bloccata e il corpo è finalmente in grado di risposarsi, e
così migliora la qualità del sonno.

- Aiuta a respirare meglio – È un punto molto importante
per chi soffre di problemi ai polmoni. Lo yoga ti aiuta a
prendere respiri più profondi, il che porterà a un aumento
dell'ossigeno nel sangue e alla necessità di prendere meno
respiri. È stato dimostrato che lo yoga aiuta anche a
migliorare i valori FEV1 di chi soffre di malattie
polmonari o asma. Poiché inspiri dal naso ed espiri dalla
bocca, puoi ridurre gli attacchi d'asma causati dagli agenti
inquinanti.

- Porta alla pace mentale – Lo yoga ci aiuta a fare rallentare
la mente, a superare la frustrazione, rilasciare rabbia,
paura e stress, e così siamo in grado di rilassarci. Sapevi
che lo stress può causare problemi di salute fisica come
pressione alta, insonnia, lupus e infarti? Rilasciando lo
stress e permettendo alla mente di rilassarsi, riduci le
possibilità di soffrire di queste malattie.

- Riduce il dolore – Diversi studi hanno dimostrato che il
dolore associato a sindrome del tunnel carpale, mal di
schiena cronico, artrite e molte altre malattie croniche
può essere alleviato semplicemente praticando lo yoga. Il
che significa che non solo proverai meno dolore, ma avrai
anche meno bisogno di prendere farmaci. Una volta
ridotto o scomparso il dolore, potresti anche sentirti
improvvisamente più motivato a essere attivo. È come
avere una seconda possibilità, priva di dolori.

- Aiuta ad avere il controllo – Quando pratichi meditazione e yoga diventi più consapevole e, di conseguenza, più incline a fermare i comportamenti auto-distruttivi come ostilità, rabbia, fumare o fare scenate. Invece, ti concentrerai su pace e relax, creando una vita concentrata sulla saggezza dello yoga.

Lo yoga porta così tanti benefici che sarebbe stato impossibile elencarli tutti. Tuttavia, uno dei più importanti è l'argomento del libro: aiuta ad attivare e stimolare il nervo vago.

Guarire il Nervo Vago con lo Yoga

Con cautela, gli scienziati stanno iniziando a capire che praticare yoga potrebbe aiutare a migliorare la qualità della vita di una persona. Stanno iniziando ad accettare che lo yoga aiuta a ridurre la frequenza cardiaca e ad abbassare la pressione del sangue, i livelli di stress e di ansia, l'insonnia, e dà anche sollievo dal dolore e dalla depressione.

Perché hanno iniziato a studiare i benefici dello yoga? La risposta è semplice: il nervo vago. Ovviamente la comunità medica non annuncerà che lo yoga è la cura per tutte quelle malattie, e non dovrebbe farlo. Tuttavia, sta iniziando a vedere che chi pratica yoga afferma di sentirsi meglio che mai.

Per questo motivo gli scienziati hanno iniziato a domandarsi se ci sia una connessione mente-corpo quando si tratta della pratica dello yoga e della stimolazione del nervo vago.

Sappiamo che quando il nervo vago viene attivato, nel corpo vengono rilasciati degli enzimi che aiutano a ridurre lo stress. Gli scienziati hanno anche scoperto che quando una persona ha un nervo vago forte e in salute riesce a gestire meglio dei livelli elevati di stress. Degli studi hanno dimostrato che chi ha un nervo vago danneggiato o debole è meno capace di gestire lo stress ed è più probabile che si attivi la risposta combatti o fuggi.

Quando il nervo vago è debole, la persona avrà anche difficoltà a controllare i pensieri negativi che gli corrono per la testa. Si concentrerà sulle cose terribili che potrebbero succedere in ogni situazione. Tuttavia, quando il nervo vago è attivo e forte, la persona riesce a gestire qualsiasi tipo di stress in maniera calma e rilassata.

La buona notizia è che non devi diventare un maestro di yoga per poterne trarre vantaggio e stimolare il tuo nervo vago. Lo yoga dolce o la sola respirazione yoga attiveranno il nervo vago e ti porteranno diversi benefici.

Per poter attivare il nervo vago e trarre vantaggio dallo yoga, non devi farlo per un'ora al giorno. Se non hai mai fatto yoga in precedenza o non sei nella condizione fisica di iniziare, basta fare sessioni da tre o quattro minuti di respirazione yoga, fino ad arrivare a 10 minuti a sessione. Questa pratica aiuterà il tuo corpo a fermare la risposta combatti o fuggi e attiverà il tuo nervo vago.

Quando inizi a praticare qualsiasi tipo di yoga, prendi in considerazione l'idea di tenere un diario. Scrivi come ti senti dopo una sessione. Vedi come la tua vita è cambiata dopo una settimana, un mese, sei mesi e un anno. Ci sono buone possibilità che tu sarai molto sorpreso dalla differenza fatta dallo yoga.

Una volta che sei a tuo agio con la respirazione yoga, puoi iniziare ad aggiungere alcuni movimenti di yoga dolce. Man mano che imparerai le posizioni, potrai aggiungerne altri. Non è necessario che arrivi a fare un'ora o un'ora e mezza di yoga, a meno che tu non voglia farlo. Potrai comunque beneficiare delle sessioni da 10-15 minuti e il tuo nervo vago sarà stimolato, portandoti ancora più vantaggi.

Se decidi di praticare yoga, dedicavi un orario specifico durante la giornata. Col passare del tempo potresti persino essere deluso nelle volte in cui non avrai il tempo di farlo.

Capitolo 11:
Guarire il Nervo Vago con gli Esercizi Fisici Naturali

L'esercizio fisico è una parte molto importante di uno stile di vita sano, ma alcuni studi hanno dimostrato che potrebbe anche aiutare a stimolare il nervo vago. Si crede che sia per questo che l'esercizio fisico aiuta a rilassarsi. Alcuni studi hanno anche scoperto che allenarsi può aiutare con i problemi di digestione, proprio per via della stimolazione del nervo vago.

Esercizi per il Collo

I seguenti esercizi per il collo possono aiutarti ad alleviare la pressione sul nervo vago nel collo e a ridurre i dolori in quest'area.

1. Questo esercizio per il collo è stato creato per aiutare a migliorare quanto puoi abbassare la testa e per rilasciare la tensione nelle spalle e nel collo. Per poterlo eseguire, siediti con i piedi bene appoggiati per terra e la schiena dritta. Abbassa il mento sul petto il più possibile, assicurandoti di tenere la schiena dritta. Mantieni la posizione per 10 secondi e rialza la testa fino a guardare dritto davanti a te. Ripeti questo esercizio per 10 volte.
2. Questo secondo esercizio aiuterà a rafforzare i muscoli di collo, parte alta della schiena e spalle, facendo

contemporaneamente stretching. Inizia sedendoti e appoggiando bene i piedi per terra. Allunga la testa in avanti in modo che sia leggermente oltre il tuo petto. A questo punto dovresti sentire un po' di tensione nel collo, perché la testa è in avanti rispetto al corpo.

Riporta lentamente la testa indietro e abbassa il più possibile il mento verso il petto. Conta fino a 5 e torna a una posizione normale. Ripeti per 10 volte.

3. Il terzo esercizio aiuta con la parte posteriore del collo e riduce la pressione sul nervo vago. Inizia sedendoti coi piedi bene appoggiati per terra e le braccia lungo i fianchi. Assicurati che la testa sia dritta, quindi piegala all'indietro il più possibile. Mantieni la posizione per 10 secondi e torna a quella originale. Ripeti per 10 volte.

4. Per l'ultimo esercizio dovrai alzarti in piedi. Ti aiuterà a migliorare i muscoli di spalle e schiena. Assicurati di mantenere una posizione dritta. Piega leggermente le ginocchia e tieni le braccia lungo i fianchi. Piega le braccia e metti le mani dietro al collo, con i gomiti davanti al volto. Piega la testa all'indietro alzando lo sguardo al cielo. Spingi contro la tensione creata dalle mani. Mantieni per 10 secondi e torna alla posizione originale. Ripeti per 10 volte.

Questi esercizi per il collo non solo ti aiuteranno ad attivare e stimolare il nervo vago, ma anche ad alleviare la tensione muscolare nel collo e nella schiena. È molto utile se trascorri la giornata seduto a una scrivania a guardare un computer.

Sapevi che tutti questi esercizi ti aiuteranno a stimolare il nervo vago? Anche se è molto importante praticare yoga e meditazione per poterne trarre il massimo dei benefici, anche questi esercizi dolci ti aiuteranno con l'attivazione del nervo vago.

Come Iniziare a Fare Esercizio Fisico

Sappiamo tutti che l'esercizio fisico è importante per la nostra salute, ma potrebbe esserlo ancora di più ora che conosciamo i suoi effetti sul nervo vago. Una volta che inizierai ad allenarti, scoprirai tanti benefici che non pensavi fossero possibili. Tuttavia, trovare il tempo per fare esercizio fisico ogni giorno richiederà un po' di impegno e disciplina, anche per assicurarti di essere costante con la tua routine.

Se in passato hai pensato di iniziare ad allenarti ma non sei riuscito a capire come farlo, non preoccuparti, non sei solo.

La prima cosa che devi capire è perché vuoi iniziare a fare esercizio fisico. Vuoi perdere peso? Sentirti meglio? Stimolare il nervo vago e migliorare la tua salute?

Sapere perché vuoi allenarti è importante, perché ci saranno alcune volte in cui vorrai mollare tutto. Ricordarti il motivo per cui hai iniziato è un ottimo modo per mantenerti motivato.

La cosa successiva a cui devi pensare è il tipo di esercizi che vuoi fare. Se il tuo scopo è stimolare il nervo vago, non è necessario fare allenamenti estremamente intensivi. Puoi semplicemente fare una passeggiata una volta al giorno, fare aerobica, allenamenti di forza, oppure concentrarti su equilibrio o flessibilità.

Puoi fare questi tipi di esercizi individualmente o combinarli insieme. Per esempio, potresti scegliere di praticare yoga e aerobica. Puoi fare qualsiasi cosa tu voglia, purché ti piaccia.

Ora che sai il perché e il cosa, devi assicurarti di essere sufficientemente in salute per fare le attività che hai scelto. Assicurati di parlare col tuo dottore e di dirgli cosa hai intenzione di fare. Se, per esempio, in questo momento non puoi iniziare a fare aerobica, il medico potrà suggerirti qualcosa di più adatto. Ma non rinunciare, perché man mano che il tuo corpo si adatterà all'esercizio fisico e il tuo nervo vago verrà stimolato, riuscirai a fare tutto ciò che vuoi. Devi solo arrivarci gradualmente.

In questo modo non ti farai nemmeno illusioni sui risultati che vedrai. Il tuo dottore potrà spiegarti con quanto esercizio fisico iniziare e quanto spesso dovrai farlo.

Dopodiché, è arrivato il momento di creare un piano. Dovresti fare in modo che i passi siano semplici da seguire e che ti aiutino a migliorare il tuo livello di fitness. Diciamoci la verità, se vogliamo allenarci per stimolare il nervo vago, tanto vale trarne il massimo, giusto?

Qual è il tuo obiettivo? Vuoi fare una maratona? Vuoi solo riuscire a correre? Vuoi perdere peso? Sono tutti ottimi obiettivi e ti aiuteranno a rimanere motivato lungo la strada per raggiungerli. Quando guardi questi obiettivi, potrebbero sembrare irraggiungibili, e in questo momento potrebbero esserlo. Non riuscirai a correre una maratona se non riesci ad arrivare nemmeno alla cassetta della posta. Tuttavia, puoi suddividerli in obiettivi più piccoli, ad esempio appunto correre fino alla cassetta della posta e tornare indietro. Una volta che avrai raggiunto questi obiettivi più piccoli, sarai più vicino a quelli principali.

Fai diventare l'esercizio fisico un'abitudine. È molto importante che ti attieni a una routine, perché continuerai a vederne i benefici solo se sarà un'attività continuativa. Riuscirai ad attivare il nervo vago, ma non deve essere un episodio isolato. Se fosse così, ti avrei indicato una semplice azione da fare una volta sola 44 pagine fa, e il libro sarebbe finito. Invece, devi continuare a farlo nel corso del tempo.

Puoi fare dell'esercizio fisico un'abitudine sostituendolo a una delle tue abitudini attuali poco sane. Per esempio, se di solito guardi la televisione per un'ora, sostituiscine mezz'ora con un po' di esercizio fisico, o fallo mentre guardi la TV. Fai tutto il possibile per renderla un'abitudine. Molte persone trovano più facile aggiungere un allenamento alla propria vita se lo fanno in contemporanea a un'azione quotidiana, come appunto guardare la televisione. A me piace ascoltare dei podcast o delle meditazioni guidate mentre mi alleno. Prendo due piccioni con una fava, per così dire.

Quanto dovresti provare ad allenarti? Non devi farlo per diverse ore ogni giorno. La verità è che non riuscirai a fare esercizio per un'ora se sei all'inizio. Punta a completare un allenamento da 30 minuti per 5 volte alla settimana.

Se non ci riesci, non preoccuparti. Inizia in qualsiasi modo tu riesca. Se sei fuori forma e riesci solo a fare cinque minuti di esercizio fisico due volte al giorno, fallo! Arriva fino a 10 minuti, poi a 20 e così via. Finché continui a fare progressi e ti impegni al massimo, non ci sono problemi.

Consigli

1. Assicurati di rimanere idratato. L'idratazione è molto importante, e lo è ancora di più quando inizi ad allenarti. Reintegra i fluidi prima, durante e dopo l'esercizio. In questo modo migliorerai la tua performance e aiuterai il tuo corpo a riprendersi dopo l'allenamento, così da poter essere pronto per la volta successiva.

2. Concentrati sull'avere una dieta bilanciata. Molte persone commettono l'errore di pensare di poter mangiare qualsiasi cosa solo perché hanno iniziato ad allenarsi. Il che non ti aiuterà per niente. Assicurati di dare al tuo corpo le vitamine e i nutrienti di cui ha bisogno a ogni pasto, in modo da trarre il massimo dai tuoi allenamenti. Trova una dieta che funzioni per te. In molti hanno

trovato la dieta chetogenica molto utile: possono mangiare tutti i grassi che vogliono pur continuando a fornire al corpo tutto ciò di cui ha bisogno e perdendo peso allo stesso tempo.

3. Fai sempre un riscaldamento prima dell'allenamento, così eviterai di farti male, migliorerai la tua flessibilità e ridurrai l'indolenzimento post-esercizio fisico.

4. Prenditi il tempo di fare un cool down dopo l'allenamento, che aiuterà il tuo corpo a capire che hai finito ed è ora di tornare al funzionamento normale.

5. Ascolta il tuo corpo. Se sei indolenzito non dovresti sforzarti di allenarti, permetti al tuo corpo di riprendersi. Se provi dolore, non costringerti ad allenarti: non ti porterà alcun beneficio e, anzi, potresti farti male e non riuscire a fare esercizio per molto tempo. Lascia il tuo corpo tutto il tempo di cui ha bisogno per riprendersi e non spingerti al massimo, perché non aumenterà i risultati.

Uno dei problemi che in molti si trovano ad affrontare è rimanere motivati. Ho già detto che devi ricordarti perché ti stai allenando, per stimolare il nervo vago. Ma puoi anche tenere traccia dei tuoi progressi per assicurarti di non rinunciare.

Tieni un diario di come ti senti. Tracciando il tuo progresso vedrai dei risultati notevoli. Prima di tutto, vedrai i benefici dell'esercizio fisico, e poi quelli della stimolazione del nervo vago. Non è bellissimo? Migliorerai la tua salute, il tuo umore e, probabilmente, la tua vita in generale!

Tuttavia, se l'esercizio fisico non fa proprio per te, puoi fare altre cose per stimolare il nervo vago. Che ne dici della respirazione profonda? Ne parleremo nel prossimo capitolo.

Capitolo 12:

Esercizi di Respirazione Profonda per Stimolare il Nervo Vago

Tutti respiriamo senza neanche pensarci, ma in realtà possiamo prenderne il controllo e usare questa azione per stimolare il nostro nervo vago. La respirazione profonda viene usata come molte altre tecniche di rilassamento quando si tratta del nervo vago. Concentrandoti sulla respirazione profonda, puoi spengere la risposta combatti e fuggi, permettendo così al tuo corpo di rilassarsi e attivando il nervo vago.

Quando usi la respirazione profonda come tecnica di rilassamento, il tuo sistema immunitario si rafforza, la frequenza cardiaca diminuisce e la respirazione rallenta. Inoltre, vedrai un miglioramento nella qualità del sonno, nella digestione e nella tua salute in generale.

Anche se la respirazione profonda è molto semplice e porta tutti questi benefici, la maggior parte delle persone non la pratica, né pratica altre tecniche di rilassamento. Tendiamo invece a concentrarci sul multitasking, sul lavorare troppo, sul fare troppo. Potremmo dare più importanza all'allenarci abbastanza invece che al rilassarci. Tuttavia, gli scienziati e gli istruttori di fitness hanno iniziato a capire quanto sia importante il rilassamento.

Cosa C'Entra il Nervo Vago?

La respirazione profonda è in realtà il modo migliore per attivare il nervo vago. Quando diventi consapevole dei tuoi respiri, rendendoli più profondi e lunghi, stai attivando il nervo vago, cosa che darà al tuo corpo la possibilità di rilassarsi e guarire.

Come Fare gli Esercizi di Respirazione Profonda

Come ogni altra abilità che apprendi nella tua vita, più pratichi la respirazione profonda, più bravo diventerai. Puoi impostare una sveglia ogni mattina e ogni sera per ricordarti di farlo finché non diventerà un'abitudine. Una volta che avrai imparato le tecniche, potrai usarle in qualsiasi momento nel corso della giornata.

Inizia trovando un luogo comodo per te. Puoi farlo dovunque tu voglia. Io, per esempio, faccio esercizi di respirazione profonda ogni mattina alla mia scrivania prima di qualsiasi altra attività. Devi assicurarti di essere seduto in una posizione comoda, oppure puoi sdraiarti, qualsiasi cosa funzioni meglio per te.

Metti una mano sulla pancia, con il mignolo sopra all'ombelico.

Fai attenzione a come stai respirando. Le spalle si muovono su e giù o la pancia si alza e abbassa? Starai respirando nella maniera giusta quando sarà lo stomaco a fare questo movimento. È il modo in cui respiriamo alla nascita ma, crescendo, iniziamo a respirare nel modo sbagliato. Se le spalle si alzano a ogni respiro, non stai respirando profondamente.

Il tuo stomaco dovrebbe sporgere verso fuori, come se fosse un palloncino pieno di aria. Quando espiri, dovrebbe tornare alla posizione normale.

Metti l'altra mano sul petto. Concentrati sul fare respiri profondi e assicurati che la mano sul tuo petto non si muova. Devi provare a far fare tutto il lavoro al diaframma, invece che alle spalle o al petto. Ricorda che non devi muovere le spalle per respirare.

Una volta che sei sicuro di stare respirando nella maniera giusta, inspira lentamente tramite il naso contando fino a tre. Espira dalla bocca contando fino a tre. Concentrarti sull'idea del relax mentre lo fai. A me piace pensare di inspirare luce bianca (positività) ed espirare una nuvola nera (negatività).

Assicurati di tenere la mano sulla pancia per controllare di stare usando il diaframma per respirare, non le spalle. Continua per 10 minuti o per tutto il tempo che vuoi.

Non trattenere il respiro quando inspiri o espiri. Col passare del tempo, la respirazione profonda diventerà più facile. Dovresti anche accertarti di non inspirare più aria di quella che espiri, soprattutto se soffri di problemi ai polmoni come la COPD. L'aria vecchia rimane intrappolata nei nostri polmoni e ci fa fare dei respiri superficiali. Se ci concentriamo sul fare uscire questa aria vecchia esalando più aria di quanta ne inspiriamo, ci troveremo a respirare meglio e ad avere una saturazione di ossigeno nel sangue migliore.

Pratica la respirazione profonda almeno due volte al giorno. Se sei molto stressato, prenditi un paio di minuti mentre sei seduto alla scrivania o bloccato nel traffico per fare un po' di respiri profondi. Funziona anche quando hai a che fare con una persona fuori controllo o arrabbiata. Usando la respirazione profonda, riuscirai a mantenere il controllo su te stesso.

La respirazione profonda aiuterà a spegnere la risposta combatti o fuggi e a stimolare il nervo vago. Tuttavia, porta anche molti altri vantaggi.

Vantaggi

Quando pratichi le tecniche di respirazione profonda, ne puoi trarre molti vantaggi. Ovviamente, il primo è l'attivazione e stimolazione del nervo vago, il che significa che potrai anche trarne tutti i benefici derivati da un nervo vago in salute. Ma c'è di più.

1. La respirazione profonda aiuterà a ridurre lo stress e ad alleviare l'ansia.
2. Allevierà il dolore. Ci sono molte tecniche per la respirazione profonda che si concentrano completamente sul sollievo dal dolore e funzionano meglio e più in fretta di qualsiasi farmaco mi sia mai stato prescritto.
3. La respirazione profonda aiuta a migliorare l'umore. È una tecnica che viene insegnata ai bambini con disturbi

comportamentali o problemi di gestione della rabbia. I ricercatori hanno scoperto che quando ci concentriamo sulla respirazione e permettiamo al corpo di interrompere la risposta combatti o fuggi, riusciamo a controllare meglio il nostro umore.

4. Aiuta a migliorare i sintomi della depressione. Ad esempio, uno dei più condivisi dai pazienti di depressione è la cattiva qualità del sonno ma, quando pratichi le tecniche di respirazione profonda, questa migliorerà. È stato anche scoperto che aiutano a ridurre il battito cardiaco di chi soffre di depressione e ansia.

5. La respirazione profonda aiuta anche a migliorare la concentrazione. Diversi studi hanno dimostrato che praticandola per soli 10 minuti si nota un miglioramento immediato nella concentrazione e una diminuzione nella pressione del sangue. Un altro studio ha dimostrato che praticandola quotidianamente per sole sei settimane, sono migliorati i punteggi nei test normali e in rapida successione.

6. Prima abbiamo parlato del DOC e di come sia molto più che il desiderio di avere una casa pulita. Tuttavia, non abbiamo parlato di quanto sia difficile trattarlo. La buona notizia è che le tecniche di respirazione profonda possono aiutare coi sintomi del DOC. In realtà, degli studi hanno dimostrato che i sintomi sono migliorati drasticamente, fino al punto di poter ridurre il dosaggio dei farmaci di alcuni pazienti.

7. Ultimamente quanti siti o eBook hai visto sui modi per aumentare i livelli di energia? Forse è un argomento che interessa anche a te. In tal caso, ho delle buone notizie. Gli esercizi di respirazione profonda ti aiuteranno anche in questo caso. E c'è una spiegazione molto semplice per cui è vero: sappiamo già che la respirazione profonda aiuta a ridurre lo stress e a rimanere concentrati sul momento presente, ed è proprio per questo che il corpo ha molta più energia, che prima veniva sprecata per lo stress e ora può essere reindirizzata su altre cose.

8. La respirazione profonda può aiutare chi soffre di obesità. Degli studi hanno dimostrato che quando una persona usa la respirazione profonda riesce a superare la fame con cui deve lottare quando cerca di perdere peso o durante un digiuno. Avremmo dovuto intuirlo, perché quante volte abbiamo visto i monaci digiunare senza morire di fame? Certo, il loro corpo potrebbe avere fame, ma gli stanno togliendo il controllo, invece di farsene controllare. Praticando le tecniche di respirazione profonda, una persona potrebbe riuscire a seguire meglio una dieta ipocalorica o un digiuno senza dover lottare contro i morsi della fame.

9. Aiuta con il PTSD. Si tratta di un disturbo che, per un motivo o per un altro, colpisce molte persone al giorno d'oggi. Ne soffrono alcuni soldati che rientrano dalla guerra, o potrebbe essere causato da un evento traumatico avvenuto durante l'infanzia ma, a prescindere

da quale sia il motivo, la respirazione profonda può aiutare. Quando una persona con il PTSD pratica la respirazione profonda, riesce a dormire meglio, a concentrarsi su ciò che sta facendo invece di farsi distrarre da quell'evento scatenante, a prendere il controllo della rabbia che prova, e sarà meno irritabile.

10. Può migliorare la qualità della vita. La respirazione profonda porta così tanti benefici che non c'è da meravigliarsi che le ricerche dimostrino che può avere effetti sulla vita intera di una persona. La cosa ancora migliore è che le persone spesso affermano di sentirsi come se stessero vivendo per la prima nel modo in cui avrebbero dovuto fare sempre. Riescono a concentrarsi sui compiti che devono svolgere, i loro livelli di produttività aumentano drasticamente, vanno più d'accordo con chi li circonda, iniziano a concentrarsi sulla loro salute, a prendersi cura di se stessi, e si sentono meglio che mai.

È davvero possibile cambiare la propria vita facendo una cosa così semplice come respirare? In breve, sì. Se pratichi le tecniche di respirazione profonda e ti concentri sull'eseguirle nel modo corretto, vedrai degli enormi cambiamenti nella tua vita. Ricorda, non solo la respirazione profonda ha i suoi vantaggi, ma vedrai anche tutti i benefici della stimolazione nel nervo vago.

Ci sono centinaia di esercizi di respirazione profonda e molti si concentrano su aree specifiche, come la riduzione del dolore o l'aumento dell'energia. Ciò significa che non devi usare per forza la tecnica che ti ho indicato in questo libro. In realtà, ci sono molte tecniche di respirazione profonda guidate online, che puoi seguire in maniera totalmente gratuita. Questo era solo un esempio per farti capire quanto sia semplice.

Perciò, perché non ci provi? Cosa hai da perdere? La respirazione profonda non richiede alcuno sforzo e i benefici che porta sono fantastici.

Conclusioni

Anche se i ricercatori stanno iniziando a capire solo ora quali siano i benefici dell'attivazione del nervo vago e il modo in cui si ripercuote non solo sulla nostra salute fisica, ma anche su quella mentale ed emotiva, non dobbiamo rimanere fermi ad aspettare che raggiungano un punto di svolta.

Non dobbiamo subire alcun intervento chirurgico. Possiamo decidere di prendere il controllo della nostra salute, della nostra vita, e usare le tecniche che ti ho indicato in questo libro per attivare e stimolare il nervo vago.

Ti ho illustrato molte tecniche diverse fra cui puoi scegliere. Tuttavia, personalmente suggerirei di non usarne solo una, ma quante più possibile.

Puoi incorporare ciascuna di queste tecniche nella tua vita, perché nessuna di esse richiede molto tempo e così non solo otterrai i benefici dall'attivazione e stimolazione del nervo vago, ma trarrai vantaggio anche da ogni singola tecnica.

Ognuna di queste tecniche ti porterà più avanti lungo la strada verso una vita migliore e più sana di quanto non sia mai stata in passato. Ti aiuteranno a creare la vita che hai sempre sognato e a fare cose che ritenevi impossibili.

Se pensi di non riuscire ad aggiungere più di una di queste tecniche nella tua vita al momento, non c'è alcun problema.

Ma attivando e stimolando il nervo vago inizierai a vedere i risultati e a sentirti meglio, e a quel punto potresti volere rileggere questo libro per aggiungere uno o due tecniche nuove al tuo stile di vita.

Nessuna di queste tecniche è più potente della altre, perciò non posso dirti da dove iniziare. Posso solo dirti che seguendo le informazioni che ti ho fornito in questo libro vedrai un miglioramento drastico nella tua salute. Noterai dei cambiamenti fantastici nell'umore, nelle emozioni e nella tua salute mentale in generale.

Nient'altro può portarti tanti benefici come il nervo vago. Prenderti il tempo di attivarlo e stimolarlo ti darà il controllo su tutti i tuoi problemi di salute: potrai avere il potere sulla tua salute e benessere.

Non ti resta altro che scegliere cosa farai con le informazioni che hai appena appreso. Le metterai subito in pratica e attiverai il nervo vago? Inizierai il percorso che ti condurrà a vivere nel miglior modo possibile?